Victoria Bindrum
Das geflügelte Nilpferd

VICTORIA BINDRUM

# Das geflügelte Nilpferd

Warum die Jagd nach dem großen Glück
unserem Leben im Weg steht

LÜBBE

Der Textauszug auf den Seiten 70/71 erfolgt aus
Nicholas Sparks, Wie ein einziger Tag
© 1996 Wilhelm Heyne Verlag, München,
in der Verlagsgruppe Random House GmbH
Übersetzung: Bettina Ruge

Dieser Titel ist auch als E-Book erschienen

Originalausgabe

Copyright © 2017 by Bastei Lübbe AG, Köln

Textredaktion: Regina Carstensen, München
Umschlaggestaltung: ZERO Werbeagentur, München
Einband-/Umschlagmotiv: © FinePic/shutterstock
Satz: two-up, Düsseldorf
Gesetzt aus der Apollo
Druck und Einband: GGP Media GmbH, Pößneck

Printed in Germany
ISBN 978-3-431-03998-6

1   3   5   4   2

Sie finden uns im Internet unter: www.luebbe.de
Bitte beachten Sie auch: www.lesejury.de

# INHALT

Einleitung:
Was Sie über das Glück wissen sollten 7

I. Warum es das Glück nicht gibt
Kapitel 1: Irrwege zum Glück
*Platz 5: Problembewältigung* 29
Kapitel 2: Irrwege zum Glück
*Platz 4: Unser Beruf* 49
Kapitel 3: Irrwege zum Glück
*Platz 3: Partnerschaft und Familie* 70
Kapitel 4: Irrwege zum Glück
*Platz 2: Unser Körper* 90
Kapitel 5: Irrwege zum Glück
*Platz 1: Spiritualität und Religion* 103

II. Wie Sie das Leben neu entdecken
Kapitel 6: Das Leben einladen 121
Kapitel 7: Das Leben auskosten 160
Kapitel 8: Dem Leben eine Richtung geben 171
Kapitel 9: Der Haken an der Sache 194
Kapitel 10: Die Früchte der Glücklosigkeit 210
Kapitel 11: Liebeserklärung an sich selbst 222

Anhang
Eine Liste angenehmer Tätigkeiten 227
Eine Liste mit Werten 234
Weiterführende Literatur 238
Dank 239

# Was Sie über das Glück wissen sollten

*Wir können den Wind nicht ändern,*
*aber wir können die Segel richtig setzen.*

ARISTOTELES

Hand aufs Herz: Auf einer Skala von eins bis zehn, wie glücklich sind Sie in diesem Moment? Zehn wäre das absolute Glücksmaximum – ein Endorphinschub jagt den nächsten, Sie fühlen sich, als hätten Sie sechs Richtige im Lotto – und eins das klägliche Minimum – Sie sind so unglücklich, als hätte man Sie mit Lord Voldemort zwangsverheiratet. Bis Stufe vier halten Sie sich für eher unglücklich, Stufe fünf steht für weder glücklich noch unglücklich, und die Zahlen sechs bis neun bedeuten tendenziell glücklich bis sehr glücklich. Also, haben Sie Ihre Glückszahl?

Statistisch gesehen stehen die Chancen gut, dass Sie die Sieben gewählt haben. Diese Glücksskala-Frage wurde in der psychologischen Forschung nämlich bereits x-mal gestellt, und unabhängig von Nation oder Geschlecht ergibt sich fast immer dieser Durchschnittswert. Das hört sich zunächst ganz passabel an, aber hinter der »Glückszahl Sieben« verbirgt sich eine traurige Wahrheit: *Wir sind nie so glücklich, wie wir es grundsätzlich für möglich halten. Zum vollkommenen Glück fehlt uns immer noch etwas. Wir wollen mehr.* Mehr Liebe, Erfolg, Gesundheit, Entspannung, Freude – und dabei am besten noch so aussehen wie Jennifer Lawrence oder Elyas M'Barek. Es bedarf noch nicht mal psychologischer Forschung, um das zu erkennen. Gehen Sie in eine Buchhandlung oder ins Internet und sehen Sie sich die Masse der Ratgeberliteratur an, die uns dabei helfen soll, endlich richtig glücklich zu werden und die metaphorische Glückszahl Zehn zu erreichen. Wir können Yogaposen nachahmen, Achtsamkeitsmeditation erlernen oder unsere Work-Life-Balance optimieren. Es gibt ein sensationelles Angebot an Coaching, Psychotherapie oder sogar Pharmakologie, um unserem Glück auf die Sprünge zu helfen. Wir sollen aus Steinen, die uns in den Weg gelegt werden, etwas Schönes bauen, unseren Schmerz in Heiterkeit verwandeln und ständig im Hier und Jetzt leben. Wenn ich all diese Anforderungen, die pausenlos auf uns einrieseln, mal zusammenfasse, klingt das so: *Werden Sie anders, als Sie sind! Fühlen Sie sich nicht so, wie Sie sich fühlen, sondern besser!*

Vorausgesetzt, wir hätten tatsächlich so viel Kontrolle über unsere Gedanken und Gefühle – was würde passieren? Lehnen wir uns selig lächelnd zurück und genießen unser Dasein? Natürlich nicht, denn statt höher, schneller, weiter lautet der Leitsatz unserer heutigen Zeit: achtsamer, entspannter, glücklicher. Egal, welche Fortschritte wir im Bereich Selbstverwirklichung und Selbstoptimierung machen, es reicht uns nicht. Wir glauben, wenn wir eine Familie gegründet haben oder ein höheres Gehalt bekommen, werden wir uns endlich so fühlen, wie wir es uns schon immer gewünscht haben! Bevor Sie jetzt den nächsten Satz lesen, sollten Sie vielleicht noch einmal überprüfen, ob Sie wirklich fest auf Ihrem Stuhl sitzen. Bereit?

Sie werden sich *niemals* so fühlen, wie Sie es sich schon immer gewünscht haben – jedenfalls nicht dauerhaft.

Sie werden sich ein Leben lang genau so fühlen, wie Sie sich verdammt noch mal gerade fühlen! Manchmal blendend, manchmal furchtbar und manchmal so gleichgültig und lustlos wie ein zu lang gegarter Hefekloß. Ihr Befinden wird sich immer wieder ändern, da können Sie beim Pilates noch so viele imaginäre Seidentücher mit Ihrem Unterleib einsaugen. Fragen Sie sich zur Abwechslung lieber, was der ganze Quatsch soll, und Sie werden feststellen, dass die Suche nach dem Glück ein Hamsterrad ist. Je mehr wir uns anstrengen, desto mehr Energie und Zeit verschwenden wir auf ein Ziel, das wir niemals erreichen werden, weil es nicht existiert. Doch warum eigentlich nicht?

## Das Glück ist eine Vorstellung

Kennen Sie das befriedigende Gefühl, wenn Sie ein Ziel erreicht haben? Vielleicht sind Sie schon lange auf der Suche nach dem richtigen Partner, und endlich – nach dem zehnten Blind Date – sitzt Ihnen jemand gegenüber, der wie für Sie gemacht zu sein scheint. Sie fühlen sich grandios, nach ein paar weiteren Treffen sind Sie frisch verliebt, Sie denken pausenlos mit einem Kribbeln im Bauch an diese Person, Ihre Alltagssorgen sind vergessen. Doch früher oder später ändert sich dieses Gefühl. Vielleicht eröffnet Ihr Traumpartner Ihnen, dass er bald auf unbestimmte Zeit ins Ausland gehen muss. Oder Sie finden heraus, dass er mit Mitte vierzig noch bei seiner Mutter wohnt. Oder er gesteht Ihnen, dass er gar nicht so für Sie empfindet wie Sie für ihn. Kaum kriegen wir also einen Hauch von Glück zu fassen, flutscht es uns wieder aus den Fingern – und wir müssen es erneut suchen. Vielleicht in einem neuen Partner oder einem anderen Job, oder wir schmeißen gleich alles hin, um auf dem Jakobsweg zu wandern. Doch ganz egal, was wir tun, nie wird das Bild, das wir uns vom Glück machen, zu unserer Realität passen. Ich kann Sie beruhigen, das liegt nicht an Ihnen. Es gibt eine ganz einfache Erklärung für dieses Phänomen: Das Glück existiert nur in unserer Vorstellung – und vorstellen können wir uns alles Mögliche!

Genauso wie Sie in Ihrem Kopf ein Bild von Karaoke singenden Regenwürmern mit riesigen Silikonbrüsten erschaffen können, kreieren Sie mithilfe Ihrer Gedanken die Vorstellung vom Glück. Doch Sie können dieses Glück, genauso wenig wie diese bemerkenswerten Regenwürmer, nicht finden.

Das mit den Regenwürmern klingt Ihnen zu verrückt? Dann probieren Sie mal Folgendes: Bevor Sie das nächste Mal etwas essen, stellen Sie sich vor, wie es schmecken wird. Nehmen wir an, Sie sind im Begriff, eine Kartoffel zu essen. Versuchen Sie, sich den Geschmack dieses Gemüses vorher zu vergegenwärtigen – wie schmeckt diese Knolle? Welche Konsistenz hat sie? Und welche Temperatur? Wie fühlt sich ihre Oberfläche in Ihrem Mund an? Dann beißen Sie zu. Jetzt versuchen Sie die direkte Erfahrung mit Ihrer Vorstellung zu vergleichen. Sie werden feststellen, dass es Unterschiede gibt. Vielleicht hatten Sie sich eine festere Konsistenz vorgestellt, die echte Kartoffel ist mehliger, eventuell ist sie auch heißer als die imaginäre Kartoffel, die wiederum in Ihren Gedanken süßlicher war. Sie können jetzt hundert verschiedene Kartoffeln unterschiedlicher Sorten kochen, ich garantiere Ihnen, Ihre vorgestellte Kartoffel wird nicht dabei sein. Die Vorstellung ist immer etwas anderes als die Wirklichkeit. Während ich das hier schreibe, esse ich nebenbei ein Brot mit Marmelade, das ich mir unglaublich schmackhaft vorgestellt habe. Nach dem ersten Bissen musste ich jedoch feststellen, dass im Brotteig Kümmel enthalten ist! Kümmel und Marmelade – keine gute Kombination, ich bin enttäuscht.

Natürlich kennen wir alle Situationen, in denen wir mal gedacht haben: Genauso habe ich mir das vorgestellt! Aber wie lange hält dieser Zustand an? Ihre Erfahrungen wandeln sich ständig, ebenso wie Ihre Vorstellungen. Vor einigen Jahrzehnten war meine Vorstellung von Glück, mal auf ein Konzert der Kelly Family zu gehen oder ein Paar Buffalos mit sechs Zentimeter Plateauabsatz zu besitzen – ich kann Ihnen garantieren, dass sich das inzwischen ziemlich verändert hat.

Wie ist das bei Ihnen? Bedeutet Glück für Sie noch das Gleiche wie vor zwanzig oder dreißig Jahren? Können Sie mit Sicherheit sagen, dass es selbst in nur einem Jahr noch das Gleiche für Sie bedeuten wird wie jetzt? Heute wären Sie glücklich, wenn Sie den Kredit für die Eigentumswohnung bekämen, morgen erwischt Sie vielleicht eine Erkältung, und es würde Ihnen schon reichen, wenn Sie wieder durch die Nase atmen könnten.

Ich arbeite mit einigen jungen Erwachsenen, die eine Zeit lang im Gefängnis saßen. Ein Jugendlicher erzählte mir kürzlich, er habe außerhalb des Geländes der Strafanstalt im Winter Schnee schippen dürfen – und was es für ein Glücksgefühl in ihm ausgelöst habe, die Straße zu sehen und die Autos, die darauf fuhren. Verbinden Sie eine befahrene Straße auch mit derart positiven Gefühlen?

Das Glück scheint immer etwas anderes zu sein – doch wie kann es etwas geben, wenn es immer etwas anderes ist? Das geht nicht. Unser ganzes Leben lang suchen wir also etwas, das wir überhaupt nicht finden können. Frustrierend, oder? Wie lange würden Sie Ihre Wohnung nach einem Schlüssel durchkämmen, von dem Sie genau wüssten, dass er nicht da ist?

11

Vielleicht fragen Sie sich jetzt, warum dann aber alle von Glück reden, es »Experten« gibt, die Sie zum Glück führen möchten, und alle Menschen auf Facebook so tun, als wären sie immer glücklich. Lassen Sie es mich so erklären: Das Glück ist wie ein Drache. Sie können ihn haargenau beschreiben, ihn vor Ihrem inneren Auge sehen, darüber spekulieren, wo echte Drachen zu finden sind, Sie können sogar mit Photoshop ein Bild von einem Drachen herstellen oder welche auf dem Bildschirm bei *Game of Thrones* bewundern, es wird trotzdem *niemals* Drachen geben. Es kann schön sein, an Fabelwesen zu glauben, und es ist manchmal befriedigend, sich das Glück auszumalen – aber seine Wanderschuhe anzuziehen, um in den Wald zu gehen und Lindwürmer zu jagen? Das ist doch etwas übertrieben, oder? Trotzdem tun wir es im übertragenen Sinn. Und das Problem ist: Wir tun es alle. Es sind nicht bloß ein paar Verrückte, die auf Glückssuche gehen, wir sitzen alle im selben Boot. Es gibt eine regelrechte Glücksindustrie. Glückskekse, Glücksgurus, Glücksbücher, Glücksdiäten, Glücksdrogen, Glücksmeditationen, Glücksforschung. Neulich habe ich sogar ein Duschgel entdeckt, das »Glücksgefühl« hieß!

Wir spielen häufig glücklich, obwohl wir unsicher, ängstlich oder wütend sind. Wir arbeiten hart daran, die Illusion des Glücks aufrechtzuerhalten, und das Fatale ist, dass es zu gut funktioniert. Wir *glauben* tatsächlich an das ewige, große Glück. Gleichzeitig wissen wir aber durch unsere Erfahrungen, dass das Leben immer Höhen und Tiefen bieten wird, wir können es einfach nicht daran hindern.

Merken Sie, dass diese Rechnung nicht aufgehen kann? Der Glaube an unsere Vorstellung vom Glück und die ganz natürliche Ordnung des Lebens stehen im ständigen Widerspruch zueinander, und das ist die Formel für unser ständiges Gefühl des Nicht-Genügens. Das ist der Grund, warum wir uns *noch schlechter* fühlen, wenn wir uns schlecht fühlen. Wir denken, es ist falsch und vermeidbar, diese Gefühle zu haben. Wir verstecken sie und versuchen möglichst schnell wieder,»auf den richtigen Weg« zu gelangen.

Wenn Sie sich schon eine Zeit lang mit der Glückssuche beschäftigen, ist es bei Ihnen vielleicht anders, und Ihre Definition des Glücks schließt auch das Negative mit ein. Sie wissen, nur Sonnenschein kann es nicht geben, zum Glücklichsein gehört auch das Unglücklichsein und so weiter und so fort. Der Philosoph Wilhelm Schmid spricht in diesem Zusammenhang von einem »Glück der Fülle« und schreibt dazu in seinem Buch *Glück*:»Das größere Glück, *das Glück der Fülle*, umfasst immer auch die andere Seite, das Unangenehme, Schmerzliche und ›Negative‹, mit dem zurechtzukommen ist.«

Ach, es klingt so richtig! So schön! Aber noch beim Lesen dieser Zeilen kann man sich dabei ertappen, wie man zwar versucht, die Polarität des Lebens zu akzeptieren, *dadurch* aber doch irgendwie zu einem dauerhaften Glückszustand gelangen möchte.

*Wenn ich meine Negativität behutsam mit meinem Mitgefühl umarme, wird sie sich in Freude verwandeln! Wenn ich meine Schwächen akzeptiere, werde ich mich stärker fühlen! Wenn ich meinen Ärger wahrnehme und dabei tief ein- und ausatme, wird er verschwinden!*

Wir denken diese Dinge, obwohl wir wissen, dass das Leben immer wieder die Kehrseite des Glücks für uns bereithalten wird. Das Lustige – und zugleich Tragische – an dieser Sache ist also: Wir geben unsere Glück-Schrägstrich-Drachen-Suche trotz aller Erkenntnis nicht auf. Seien Sie ehrlich zu sich selbst. Es stimmt, oder? Lassen Sie mich jetzt bitte nicht als den einzigen Menschen dieser Welt hängen, dem es schwerfällt, seine Vorstellung vom Glück loszulassen, nur weil er inzwischen weiß, dass *alles fließt*. Es ist verrückt, wie schwierig es ist, aufzugeben. Wie oft haben wir schon gehört, dass wir loslassen und keine Erwartungen haben sollen? Wir wissen das inzwischen. In jeder Zeitschrift, jedem Achtsamkeitsseminar, jedem Problemgespräch mit Freunden heißt es, wir sollen die Sache doch möglichst wertfrei sehen und uns einfach auf den Prozess einlassen. Doch kein Mensch verrät uns, wie das eigentlich geht! Genau hier setzt dieses Buch an. Vielleicht kann uns bereits der zweite Grund, warum es das Glück nicht gibt, das Aufgeben etwas erleichtern.

## Das Glück definiert sich durch Unterschiede

Achtung, jetzt kommt ein sehr deprimierendes Beispiel, dem aber ein grandioses Happy End folgt: Angenommen, Sie sind arbeitslos, partnerlos, kinderlos, wohnungslos, hoffnungslos, hoch verschuldet und todkrank. Ich nehme an, das klingt für Sie wirklich schrecklich aussichtslos. Aber eines Tages begegnet Ihnen eine gute Fee mit einem Zauberstab, und Sie dürfen sich alles wünschen, was Sie möchten. Tja, da müssen Sie natürlich nicht lange überlegen. Als Erstes möchten Sie kerngesund sein, dann wollen Sie eine liebevolle Frau oder einen wundervollen Mann an Ihrer Seite haben, ein paar knuffige Kinder, einen Job, der Ihnen Spaß macht und durch den Sie viel verdienen, Sie wollen Ihre Schulden los sein, und wohnen möchten Sie gerne im Schloss Sanssouci.

*Pling!*

Die gute Fee hat soeben Ihren Zauberstab geschwungen, und alles ist nach Ihren Wünschen eingetreten. *Sie können Ihr*

*Glück kaum fassen.* Ihr Leben ist mit einem Mal ein absoluter Traum, und Sie sind wunschlos zufrieden.

Wie ist es möglich, dass Ihnen dieses absolute Glück zuteilwurde?

Schön und gut, da wäre die Sache mit der Fee. Aber auch die hätte nichts ausrichten können, wenn Ihre Situation vorher nicht so miserabel gewesen wäre. Überlegen Sie es sich: Sie hätten niemals dieses unbändige Glücksgefühl erleben können, wenn die Fee Sie nicht von krank zu gesund, von arm zu reich und so weiter hätte zaubern können. Sich gut zu fühlen bedingt die Erfahrung, sich schlecht zu fühlen. Sie können nur von Ihrem Leid befreit werden, wenn Sie leiden. Glück bedingt Unglück. Wenn wir die Anstrengung unternehmen, nach dem ewigen Glück zu streben, müssen wir annehmen, dass uns ständig etwas fehlt.

Doch angenommen, uns fehlt wirklich etwas und unsere Aufgabe hier auf Erden ist es, es zu finden und glücklich zu sein. Das versuchen wir schließlich tagein, tagaus. Wir könnten zum Beispiel glauben, wir müssten nach Thailand auswandern und dort eine Strandbar eröffnen, dann wären wir glücklich. Wir sparen also Geld, fliegen dorthin, kaufen uns eine Beach Bar und arbeiten. Das Glücksgefühl stellt sich für uns ein, weil wir von »nicht Thailand, kein Strand, keine Sonne, keine Bar« zu »Thailand, Strand, Sonne, Bar« wechseln konnten. Wir haben es also, wie in unserem Fee-Beispiel, über Gegensätze erreicht. Was passiert jetzt? Unserer Vorstellung nach sind wir für immer glücklich. Doch zu unserer Verärgerung nutzt sich dieses Glück irgendwie ab. Denken Sie an die Kartoffel. Es ist, als würde die Kartoffel im ersten Moment genau so schmecken wie erhofft, doch nach längerem Kauen wird sie fade.

Selbst wenn alles so »perfekt« bleibt, wie es ist: Thailand

ist immer noch Thailand, die Bar läuft super, wir schaufeln eine Menge Kohle, haben nur nette Kunden, die Sonne scheint jeden Tag, der Sand am Strand ist strahlend weiß, das Meer türkis – wir gewöhnen uns an all das. Es tritt eine unbewusste Form des Lernens ein, die man in der Verhaltensbiologie *Habituation* nennt. Unser Gehirn reagiert nicht mehr in gleicher Form auf die Reize Thailand, Strand, Sonne, Meer, Bar – sie lösen nicht mehr die gleiche Verzückung aus wie zu Anfang.

Wenn Sie jetzt sechs Monate nach Hamburg gehen und im trüben Regen durch die Hafencity stromern und dann wieder in Ihr Paradies zurückkehren, können Sie dieses Hochgefühl erneut erleben. Aber nur, weil dem ein Tiefgefühl vorausging!

Dieses Phänomen ist auch in Liebesbeziehungen sehr gut beobachtbar. Wir haben einen fürsorglichen Partner, an den wir uns jedoch mit den Jahren gewöhnen. Wenn dieser Partner sich dann von uns trennt, weil wir ihn »für selbstverständlich« nehmen und er sich drei Monate lang nicht blicken lässt, wissen wir wieder, was wir an ihm haben. Er löst die Gefühle in uns aus, die wir lange nicht mehr gespürt haben.

So funktionieren Glücksgefühle, und das ewige Glück gibt es nun einmal nicht, zumindest sind wir biologisch nicht dafür geschaffen. Und daran können wir leider so gar nichts ändern.

Wenn Glück sich immer durch Unglück definiert, bedeutet das andersherum aber auch, dass es kein Hinweis dafür ist, dass mit Ihnen etwas nicht stimmt, wenn Sie sich miserabel fühlen. Es ist bloß die andere Seite der Medaille. Das Glück zu suchen ist ungefähr so, als würden Sie sich krampfhaft bemühen, die Rückseite Ihres Körpers loszuwerden. Das geht nicht. Unsere einzige Chance ist es also, gemeinsam mutig zu sein, unseren Weg zum Glück endgültig zu verlassen und unser Leben neu zu entdecken.

## Warum wir das Glück an den Nagel hängen sollten

Es ist überhaupt nichts Falsches daran, sich besser fühlen zu wollen. Es ist vollkommen normal und ein Zeichen dafür, dass man eine gewisse Selbstfürsorge verspürt und übernimmt. Wenn Ihnen am Tag Ihrer Geburtstagsfeier fünf Leute hintereinander absagen oder Ihr Vorstellungsgespräch in die Hose geht, dürfen Sie es sich mit einer Tafel Schokolade auf der Couch gemütlich machen. Sich Trost zu spenden oder etwas aus Spaß zu tun ist etwas anderes als die Suche nach einem langfristigen Glückszustand. Wenn es um Selbstoptimierung zum Zwecke des Glücks geht, verstricken wir uns jedoch ziemlich häufig. Wir sind wie eine Mutter, die eigentlich nur das Beste für ihr Kind möchte und es deshalb in mehrere Frühförderungskurse steckt, für verschiedene Sportarten anmeldet, mehrmals die Woche ins Theater oder ins Museum mitnimmt und eine Privatlehrerin für Mandarin engagiert. Natürlich ist es wunderbar, sich Gedanken um die Zukunft und Entwicklung seines Kindes zu machen. Aber vor lauter Zielen und Plänen nimmt man seinem Kind damit den Raum, sich frei zu entfalten. Und statt vielseitig interessiert wird es lustlos und überfordert.

Genauso verhält es sich mit unserer Glückssuche. Statt unser Leben zu verbessern, bewirkt sie in Wahrheit genau das Gegenteil. Sie kostet unheimlich viel Kraft und Zeit und erschafft einen riesigen Druck, also genau das, was wir eigentlich vermeiden wollen: psychischen und physischen Stress. Unsere Vorstellung vom Glück wird zum Nährboden für Enttäuschungen. Und das ist nicht nur frustrierend, sondern birgt auch Gefahren.

Je öfter wir nämlich die enttäuschende Erfahrung machen, dass wir das Glück nicht finden, desto mehr schlägt sich das auf unseren Selbstwert nieder. Wir grübeln, warum alle anderen den Dreh raushaben – nur wir kriegen es irgendwie nicht richtig hin. Entweder wir versinken in diesen negativen Gedanken, oder wir suchen weiter, arbeiten, lernen und trainieren mehr, um vor unserer Hilflosigkeit und der mangelnden Kontrolle über unsere Gefühlswelt davonzurennen. Bis wir vollkommen erschöpft sind.

Kein Wunder, dass Depressionen und Burn-out in unserer Gesellschaft in den letzten Jahren überhandgenommen haben. Laut dem Bundesministerium für Gesundheit leiden derzeit weltweit etwa 350 Millionen Menschen an Depressionen, und nach Hochrechnungen der WHO, der Weltgesundheitsorganisation, werden depressive Störungen bis 2020 die zweithäufigste Volkskrankheit sein. Natürlich lassen sich die Ursachen dafür nicht einzig und allein auf den unbefriedigten Glücksfaktor runterbrechen, aber es ist doch bemerkenswert, dass mit wachsendem Wohlstand auch die Gefühle der Leere, Ohnmacht, Kraftlosigkeit und Unzufriedenheit wachsen. Solange wir nichts haben, können wir die Illusion, dass das Glück in etwas zu finden sei, das wir bisher bloß noch nicht erreicht haben, aufrechterhalten. Aber wenn wir *alles* haben, überfällt uns die Verzweiflung – wo sollen wir bloß noch suchen?

Gleichzeitig sind wir der Überzeugung, dass diese entstehenden unangenehmen Gefühle irgendwie falsch sind. Die Depression oder das Burn-out-Syndrom müssen schnell weg. Doch je mehr wir gegen das, was wir nun einmal fühlen, ankämpfen, desto sorgenvoller werden wir.

Wussten Sie, dass nach dem Diagnostischen und Statistischen Manual für Psychische Störungen (kurz: DSM) bereits eine Depression diagnostiziert wird, sobald Symptome wie depressive Verstimmung, Antriebslosigkeit, Müdigkeit, verminderte Konzentrationsfähigkeit mindestens zwei Wochen lang bestehen? *Zwei Wochen!* Die Toleranz für die gesamte Bandbreite menschlichen Erlebens ist in uns und unserer Gesellschaft ziemlich gering.

Lassen Sie mich diese Tatsache etwas illustrieren. Neulich lief ich an einem indischen Restaurant vorbei, das viele schöne Blumen um einen Baum am Straßenrand gepflanzt hatte. Um dieses Beet herum hat der Restaurantbesitzer mit kleinen Holzpfeilern und Seilen einen Zaun gespannt. Und davor wiederum hat er ein Schild aufgestellt, auf dem stand: »Wir mögen Hunde, aber nicht ihre Hinterlassenschaften.«

Diese Aussage hat mich nachdenklich gemacht. Wie kann der Restaurantbesitzer behaupten, er möge Hunde, wenn er die lebenswichtigen Bedingungen für diese Tiere nicht akzeptiert? Wie sollte man es schaffen, einen Hund ohne Verdauung und die entsprechenden »Abfallprodukte« am Leben zu halten? Hund und Hundekot gehören nun mal zusammen. Warum ich Ihnen das erzähle?

Zu unserem menschlichen Dasein gehören unangenehme Gefühle und Gedanken, die haben Sie, die habe ich, und die hat sogar der Dalai Lama. Es ist nicht möglich, sie durch irgendeine Technik loszuwerden, auszurotten, wegzumeditieren oder abzutherapieren. Trotzdem leben wir oft nach einem ebenso seltsamen Grundsatz wie der Restaurantinhaber: Ich mag mein Leben, bloß seine Schattenseiten gefallen mir nicht. Da haben wir die Illusion des Glücks! Es gibt kein Leben ohne Schattenseiten.

Wir sollten uns also von der Vorstellung vom Glück verabschieden, um uns nicht länger vom Leben, so wie es ist, abzuschneiden. Schließlich besteht die Möglichkeit, dass wir nur dieses eine Leben haben – wir sollten es also in vollen Zügen auskosten.

Doch heißt das jetzt, dass wir in unseren schlechten Stimmungen einfach versinken und unser Wohlergehen uns egal sein sollte? Wenn wir das Glück nicht mehr suchen, werden wir dann nicht furchtbar unglücklich?

## Ein Experiment

Es gibt in der Akzeptanz- und Commitmenttherapie (ACT) – eine neuere Form der Verhaltenstherapie, die vor allem in Australien und in den USA weit verbreitet ist – eine ganz einfache Übung, die »Hands as thoughts and feelings« heißt. Ich benutze sie gerne in abgewandelter Form, sodass uns durch diesen Versuch bewusst wird, wie die Vorstellung vom Glück unser Leben beeinträchtigt. Alles, was Sie dafür brauchen, sind Ihre Hände. Das klingt entspannt, oder? Sie müssen dafür noch nicht einmal aufstehen! Sollten Sie sich gerade in der Öffentlichkeit, etwa im Bus oder einem Café, befinden, holen Sie diese Übung später nach. Oder Sie pfeifen darauf, ob die anderen Menschen Sie für sonderbar halten, und machen sie jetzt gleich. In jedem Fall lesen Sie bitte erst die Beschreibung, danach probieren Sie die Durchführung.

Stellen Sie sich vor, vor Ihnen befinden sich sämtliche Personen, Dinge, Geschehnisse, die in Ihrem Leben eine Rolle spielen und die Ihnen wichtig sind. Lassen Sie Ihrer Fantasie freien Lauf. Sie können direkt auf den Seiten dieses Buchs oder vor Ihnen etwas weiter entfernt alle Menschen sehen, die Sie lieben, all das, was Sie bisher erreicht haben, Ihre Zukunftsträume, wundervollen Erinnerungen und Pläne. Außerdem sehen Sie, was Ihnen Schwierigkeiten bereitet, die Streitigkeiten, Sorgen, Ängste, die Sie in Angriff nehmen müssen. Ihre alltäglichen Aufgaben. Kurzum: Ihr ganzes Leben breitet sich vor Ihnen aus.

Wenn Sie dieses Bild sehen, stellen Sie sich vor, Ihre Hände sind Ihre Vorstellung vom Glück. Ihre Hände symbolisieren all die Gedanken und Gefühle, durch die Ihr Leben besser sein würde, wenn Sie dies oder jenes tun oder erreichen. Wenn Sie nur mehr Geld, einen anderen Partner, ein Kind, ein Problem gelöst hätten oder hübscher aussehen würden, dann wären Sie endlich glücklich! Diese Gedanken und die mit ihnen verbundenen Gefühle *sind Ihre Hände.*

Führen Sie nun Ihre Hände vor Ihr Gesicht und legen Sie sie über Ihre Augen (bitte erst, wenn Sie diesen Abschnitt fertig gelesen haben). Erinnern Sie sich noch einmal daran, dass sich vor Ihnen all das befindet, was Ihr Leben ausmacht.

Inwiefern beeinträchtigt die Vorstellung vom Glück Ihre Sicht auf Ihr Leben? Können Sie überhaupt noch sehen, was Ihr Leben reich macht? Oder die Schwierigkeiten, die Sie in Angriff nehmen müssen? Können Sie all die lieben Menschen, die in Ihrem Leben sind, noch ganz genau wahrnehmen, ihre Eigenschaften und das, was sie tun, erkennen und schätzen? Können Sie sie liebkosen und umarmen?

Nehmen Sie jetzt Ihre Hände *langsam* wieder runter. Ganz langsam. In Zeitlupe. Merken Sie, wie Sie mehr und mehr an Klarheit gewinnen, wenn Sie die Vorstellung vom Glück ein Stück von sich entfernen. Sie müssen dabei Ihre Hände nicht abschneiden, genauso wenig, wie Sie Ihre Vorstellung vom Glück auslöschen müssen. Sie gewinnen nur so viel Abstand von ihr, dass sie Sie nicht mehr blockiert.

Schön, oder?

Endlich können Sie wieder richtig gucken! Diese Klarsicht wird Ihr Leben bereichern und erleichtern. Sie können die schönen Seiten uneingeschränkt genießen und sich fokussiert um schwierige Angelegenheiten kümmern.

Führen Sie diese Übung jetzt unbedingt durch. Es wird sehr viel zu Ihrem Verständnis beitragen, wenn Sie es tun.

## Es ist Ihre Entscheidung

Natürlich haben Sie die Wahl. Sie dürfen weiter an das große Glück glauben und es suchen. Tatsächlich kann es sowohl entlastend als auch verwirrend sein, sich einzugestehen, dass wir unsere Bemühungen, uns dauerhaft besser zu fühlen, einfach aufgeben können, weil sie nicht von dem erhofften Erfolg gekrönt sein werden.

Als ich meiner Familie und meinem Freundeskreis das erste Mal erzählte, zu welchem Thema ich dieses Buch schreibe, waren einige sehr skeptisch und überschlugen sich mit Argumenten, warum es das Glück gibt und ich Unrecht habe. Vielleicht fühlen auch Sie sich in Ihren bisherigen Ansichten angegriffen. Doch es geht überhaupt nicht um Recht oder Unrecht, letztendlich ist die Frage, ob es das Glück gibt, eine philosophische Debatte, zu der niemand Ihnen handfeste Beweise liefern kann. Auch ich nicht. Doch wahrscheinlich kennen Sie den Grund, weshalb Sie dieses Buch in den Händen halten: Sie haben die Nase voll von der Glückssuche und sind bereit, etwas Neues auszuprobieren. Sie haben die Erfahrung gemacht, dass »glücklich sein« ein Ziel ist, das Sie bisher nicht abhaken konnten. Und es ist nur natürlich, sich nach Alternativen umzusehen und darüber nachzudenken, die Suche zu beenden.

Es ist ein völlig normales Phänomen, dass vor so einem großen Schritt Vorbehalte, Zweifel und Skepsis auftauchen. In der Psychologie spricht man von *Widerständen*, die in der Tatsache wurzeln, dass unser Gehirn furchtbar faul ist. Ihr ganzes Leben lang haben Sie Ihr Gehirn auf »Glückssuche« trainiert (und andersherum), und die Aussicht, sich dieses Denken, Handeln und Fühlen wieder abzutrainieren, versetzt Ihr neuronales Netzwerk, milde formuliert, nicht gerade in Euphorie. Veränderung braucht schließlich Energie, und die möchte Ihr Körper ungern verschwenden. Noch weiß Ihr Gehirn nicht, dass es durch diesen Perspektivwechsel langfristig ziemlich viel Kraft einsparen wird, weil Sie nicht länger im Kreis gehen. Wenn sich Ihr Kopf also gegen neue Gedankengänge wehrt, reden Sie ihm gut zu, sagen Sie: »Wart's mal ab.«

Vielleicht finden Sie die Idee, dass es das Glück nicht gibt, inzwischen auch schon ziemlich interessant. Aber das verunsichert Sie, und Sie denken sich: »Doch wenn ich das Glück nicht mehr suche, was mache ich dann?« Sie fühlen sich desorientiert. In diesem Fall hilft es, zu wissen, dass Sie eben nicht den Weg zum Glück verlassen, sondern einen Irrweg. Es ist nicht so, dass Ihnen das Glück plötzlich egal sein soll und ich Ihnen vorschlage, sich mit der schnöden Realität zu begnügen. In Wahrheit haben Sie sich niemals auf ein Ziel zubewegt, und indem Sie das erkennen, können Sie die Welt um sich herum vollkommen frei und unabhängig von Ihren Erwartungen entdecken.

In den ersten fünf Kapiteln werden wir uns die Top Five dieser Irrwege zum Glück ansehen, und Sie können für sich feststellen, ob Sie sich auf einem (oder mehreren) von ihnen befinden.

Anschließend geht es um die wichtige Frage: Wie akzeptiere ich die Rückseite meines Körpers? Natürlich nur im übertragenen Sinne. Wenn Sie den Irrwegen zum Glück nicht mehr folgen, bedeutet das schließlich, dass Sie einsehen, dass Sie ein Mensch sind und unangenehme Gedanken und Gefühle haben. Wir überlegen uns: Wie können wir mit diesem Erleben effektiv umgehen, sodass wir nicht von ihm überwältigt werden?

Nachdem Sie diese nützliche Fähigkeit in sich entdeckt haben, wenden wir uns Alternativen zu, wie Sie Ihr Leben reich und erfüllend gestalten können, und zwar unabhängig vom Erreichen irgendwelcher Glücksziele.

Da das alles nicht ohne Schwierigkeiten geht, beschäftigen wir uns etwas genauer mit den Widerständen, die uns bei der Glücksaufgabe begegnen können, und mit den Gründen, weshalb wir unsere Vorstellung vom Glück ungern loslassen.

Zum Schluss erzähle ich Ihnen, welche Auswirkungen es haben kann, wenn wir uns von der Vorstellung des Glücks freimachen, und weshalb es sich, meiner Überzeugung nach, lohnt.

Eines verspreche ich Ihnen: Dieses Buch wird nicht versuchen, Sie auf den Weg zu einem anderen unerreichbaren Ziel zu locken, und es wird Sie erst recht nicht glücklich *machen*. Es wird auch nicht dazu führen, dass Sie aufhören, nach dem Glück zu suchen, und es Sie genau deshalb plötzlich »finden« wird oder so ein Käse. Das Aufgeben ist kein Schlüssel für die Hintertür zum Glück!

Stattdessen kann Ihnen dieses Buch dabei helfen, »hinter die Kulissen« Ihrer automatischen Glückssuche zu blicken, das Leben auszukosten und einzuladen, sodass Sie souverän Entscheidungen treffen und unter Ihren unangenehmen Gedanken, Gefühlen und Erfahrungen weniger leiden. Sie werden dadurch nicht das Gefühl haben, endlich in Ihrem perfekten Mir-geht-es-immer-blendend-Luftschloss angekommen zu sein, sondern Sie fühlen sich dann in Ihrem Kopf *zu Hause*. Wo auch immer Sie sind und was auch passiert. Bereit? Los geht's!

# TEIL I

## Warum es das Glück nicht gibt

# KAPITEL 1

# Krwege zum Glück

## Platz 5: Problembewältigung

*Nichts ist schwerer zu ertragen,*
*als eine Reihe von guten Tagen.*
JOHANN WOLFGANG VON GOETHE

Ob Sie es glauben oder nicht, Sie sind eine Problemfabrik! Und damit meine ich nicht, dass Sie furchtbar kompliziert sind und sich schleunigst einen passableren Charakter zulegen sollten, sondern dass Sie ein ganz normaler *Mensch* sind. Menschen sind Problemfabriken. Stimmt nicht? Sehen wir uns die Sache einmal an.

Damit es nicht gleich ans Eingemachte geht, lassen Sie uns weder über Ihre noch über meine Probleme nachdenken, sondern über den Beziehungskrieg von Nina und Karl. Karl hat Nina auf einer Party einfach stehengelassen. Und das nicht zum ersten Mal. Immer, wenn er ein Bier zu viel intus hat, macht er einen Abgang, ohne ihr Bescheid zu sagen. Unmöglich, oder? Das findet Nina auch. Kaum hat sie bemerkt, dass Karl verschwunden ist, ruft sie ihn an. Es folgt ein sehr unschönes Telefonat, das ich Ihnen an dieser Stelle erspare, jedenfalls ist Karl reumütig und verspricht Nina, dass das garantiert nicht mehr vorkommen wird. Problem gelöst. Am nächsten Morgen begibt sich Nina in die Küche und traut ihren Augen kaum – ein Schlachtfeld! Toastscheiben liegen auf dem Herd, die Butter, der Käse und die Wurst – alles ist ungekühlt und angetrocknet auf der Arbeitsfläche verteilt. Und zu allem Übel tritt Nina auch noch in eine Bierlache, die sich neben den Pfandflaschen ausgebreitet hat. Sie kocht vor Wut, stürmt ins Schlafzimmer, weckt Karl, der gerade seinen Rausch ausschläft, und stellt ihn zur Rede. Karl beteuert, er wisse von nichts. Doch kurze Zeit später fällt ihm wieder ein, dass er nachts eine Fressattacke bekommen und den Kühlschrank geplündert hat. Murrend steht er auf, um das Chaos zu beseitigen. Das Küchenproblem scheint vorerst gelöst, Nina ist ein wenig besänftigt. Aber ihre Lebenssituation mit Karl … das kann doch nicht so weitergehen! Überhaupt fragt sie sich immer öfter, ob Karl vielleicht ein Alkoholproblem hat, und damit hätte sie wiederum ein Problem. Oder könnte es sein, dass sie Karl womöglich einfach nicht mehr so viel bedeutet und er sich deshalb so rücksichtslos verhält? Wenn sie genauer darüber nachdenkt, hat er sich den ganzen Abend kaum mit ihr unterhalten. Sie hatten auch seit drei Wochen keinen Sex mehr. Ist die Leidenschaft zwischen ihnen verpufft? Leben sie sich gerade auseinander? Findet Karl sie nicht mehr attraktiv, weil sie fünf Kilo zugenommen hat? Und wie wichtig ist Karl *ihr* überhaupt noch? Ist es nicht komisch, dass sie gar nicht eifersüchtig war, obwohl er sich ziemlich lange mit dieser Blondine unterhalten hat? Früher hätte sie sich darüber doch total aufgeregt!

Wie die Geschichte von Karl und Nina ausgeht, werde ich Ihnen später erzählen. Lassen Sie uns für den Moment zusammenfassen: Karl und Nina haben dauernd Probleme. Und sobald sie keine Probleme mehr haben – Stichwort fehlende Eifersucht –, wird die *Problemlosigkeit zum Problem*. Und das sind nur ihre Beziehungsprobleme! Es gibt natürlich noch Ninas vermeintliches Gewichtsproblem. Oder Karls Liebe zum Alkohol. Und ich kann Ihnen sagen, Ninas Verhältnis zu ihrer Mutter ist auch nicht sonderlich rosig, ganz zu schweigen von Karls neuem Chef.

Na ja, denken Sie jetzt, das ist doch eine überspitzte Geschichte. Keineswegs! Es geht noch weitaus absurder. Im Internetforum der Seite psychotherapiepraxis.at habe ich folgenden Beitrag entdeckt: »Hey, ich hab hier mal ein ganz untypisches Problem: Ich bin so glücklich oder zu glücklich und wollte fragen, ob das denn normal ist?« Lesen Sie diese Frage ruhig noch mal. Da fühlt sich jemand ganz fabelhaft, und was passiert? Er macht ein Problem daraus!

Ein anderes Beispiel: Meine Freundin Kirsten jammerte wochenlang darüber, wie kompliziert und schwerfällig es mit ihrer Masterarbeit voranging. Sie hasste es, zu schreiben, fand keine Ruhe und stellte jeden Satz fünfmal um, bevor sie ihn schließlich stehen ließ – und er ihr dann doch nicht gefiel. Sie erzählte mir über Monate hinweg, wie sehr sie sich darauf freue, endlich wieder Freizeit zu haben, den Druck los zu sein und sich nicht mehr mit diesem doofen Thema beschäftigen zu müssen. Und dann – zwei Wochen vor der Deadline – sagte sie plötzlich, dass sie große Angst davor habe, nach der Abgabe in ein riesiges Loch zu fallen. Und malte sich die Leere und Tatenlosigkeit in den düstersten Farben aus. Das muss man sich mal auf der Zunge zergehen lassen: Zuerst hatte Kirsten ein Problem, weil sie die Arbeit schreiben musste, und für das nächste war bereits gesorgt.

Und so geht es immer weiter. Lebenslang. Vielleicht sind Sie vergleichsweise gut im Problemlösen, und es macht Ihnen nicht so viel aus. Es ist auch möglich, dass Sie sich Ihr Leben ganz angenehm eingerichtet haben, Ihre Probleme in großen Abständen auftauchen und Sie sich deshalb meistens wohlfühlen. Doch wir alle kennen Zeiten, da kommen die

Probleme Schlag auf Schlag, und wir sind überfordert vom ständigen Problemlösen. Oder Sie haben ein Problem, das so schrecklich ist, dass Sie es einfach nicht lösen *können*, und nun sind Sie in einem Gefühl der Hilflosigkeit gefangen, das mit dem Problemewälzen einhergeht.

Es ist ziemlich unangenehm, sich in so einem Zustand zu befinden, wenn man weder ein noch aus weiß und eine Lösung schlechter als die andere ist. Deshalb grübeln Sie immer und immer wieder nach einem Ausweg – in der Hoffnung, dass Sie irgendwann einen Zustand erreichen werden, in dem Sie all Ihre Probleme los sind und endlich glücklich sein können.

Wir denken: Wenn ich doch nur genug Geld hätte, um in Teilzeit zu arbeiten, dann hätte ich mehr Freizeit, und es würde mir immer gut gehen. Oder: Wenn ich meine dämliche Schwiegermutter nicht mehr sehen müsste, wäre das der Himmel auf Erden! Ich würde Luftsprünge machen!

Doch Problembewältigung ist ein Irrweg zum Glück, weil das mit den Problemen ewig so weitergehen wird. Haben Sie ein Problem gelöst, wird unmittelbar ein Neues auftauchen. Da können Sie sich noch so viel wünschen, sich vorstellen und grübeln.

Der Grund dafür ist, dass wir biologisch darauf ausgerichtet sind, Probleme wahrzunehmen und zu lösen, da die Spezies Mensch sonst nicht hätte überleben können. Wir Menschen *müssen* unsere Umgebung dauernd auf Probleme prüfen, weil es entwicklungsgeschichtlich wahnsinnig viele Gefahren für uns in der Natur gab, auf die wir körperlich nicht vorbereitet waren.

Dem Anthropologen Arnold Gehlen zufolge liegt das daran, dass der Mensch im Vergleich zum Tier ein »Mängelwesen« ist. Ihm mangelt es an speziellen physischen Voraussetzungen, um sich in der rauen Wildnis behaupten zu können. Er kann weder besonders schnell rennen, noch hat er ein starkes Gebiss, Krallen, Klauen, Fell oder andere spezielle nützliche Merkmale. Außerdem sind unsere Instinkte verkümmert. Während sich die Tiere in Sicherheit brachten, bevor der Tsunami 2004 in Asien das Land überschwemmte, waren wir Menschen der Katastrophe ahnungslos ausgeliefert. Der Mensch muss sich also etwas einfallen lassen, um in der Umwelt zurechtzukommen, er muss *Lösungen* für *Probleme* finden. Und das tut er: Wir haben Kleidung erfunden, um uns vor Kälte zu schützen, Betonmischer, mit deren Hilfe wir Häuser bauen, und Frühwarnsysteme für Flutwellen.

In physischer Hinsicht mag der Mensch im Vergleich zum Tier ein Mängelwesen und der Natur hilflos ausgeliefert sein, aber durch seinen Verstand und seinen Erfindungsreichtum, das heißt durch die kognitiven Leistungen seines Gehirns, schafft er es, in nahezu allen Umwelten zu leben. Oder, um es mit dem Soziobiologen Eckart Voland zu sagen: Eine wichtige Funktion des menschlichen Gehirns besteht darin, adaptives, also auf die Umwelt angepasstes Verhalten hervorzubringen.

Unser Gehirn, mit dessen Hilfe wir Probleme wahrnehmen und lösen können, ist unsere Lebensversicherung. Und diese gilt es zu bewahren, zu trainieren und zu optimieren. Das kann nur geschehen, indem wir weiterhin ständig Probleme entdecken und lösen.

So weit, so gut. Der Haken an der Sache ist jedoch, dass die Steinzeitmenschen früher tatsächlich tagtäglich ums Überleben kämpften, sie mussten zum Beispiel Speere erfinden, um ihre Mammuts zu erlegen und nicht zu verhungern. Aber heute? Da können Sie einfach zu Aldi gehen!

Ist unser Problembewusstsein also nur noch ein lästiges Überbleibsel aus der Steinzeit?

Jein. Einerseits gibt es immer noch überlebenswichtige Probleme, die wir lösen müssen, zum Beispiel wie wir unsere Autos sicherer machen oder eben einen Tsunami rechtzeitig bemerken können. Andererseits stehen die meisten von uns im Alltag sehr selten vor lebensgefährlichen Problemen, und deshalb, nun ja, *erfindet* Ihr Kopf das ein oder andere Problem, um das Problemlösen ein wenig zu trainieren. Ihr Verstand *mag* das. Ihr neuronales Belohnungssystem freut sich nämlich, wenn Sie es geschafft haben, eine besonders harte Nuss zu knacken. Das liegt daran, dass Sie schon oft die Erfahrung gemacht haben, dass Sie etwas bekommen, wenn Sie ein Problem gelöst haben. Haben Sie zum Beispiel das Problem »Zu wenig Geld für einen Ferrari« mit »Viel arbeiten« gelöst, können Sie sich anschließend dieses sündhaft teure Auto kaufen.

Dieses System funktioniert natürlich auch mit nicht materiellen Belohnungen wie Liebe, Fürsorge, Anerkennung und so weiter. Problemlösen hat also positive Folgen, und dadurch wird der »Glücksbotenstoff« Dopamin in Ihrem Gehirn ausgeschüttet, in der Steinzeit wie heute. Das hat die Natur clever angestellt, oder? Wir Menschen schaffen uns freiwillig Probleme, bloß um unser Gehirn zu trainieren, und kriegen dafür ein bisschen Glück. Aber − und das ist wichtig − *niemals* das große Glück, das ewig hält! Denn dann würden Sie ja mit dem ganzen Problemesuchen und -lösen sofort aufhören − und das wäre gegen unsere evolutionäre Programmierung.

Keine unserer Problemlösungen wird uns also zu einem anhaltenden Glückszustand verhelfen. Wenn Sie das nicht durchschauen und sich weiterhin mit dem großen Glück

»ködern« lassen, werden Sie immer wieder enttäuscht werden – und viel zu viel Zeit und Kraft aufs Problemewälzen verschwenden.

## Problemlösen als Problem

Manchmal läuft unser evolutionäres Problemlösetraining sogar richtig aus dem Ruder. In der Psychologie nennt man diese übertriebenen Problem-Grübeleien »Rumination«, das englische Wort für »Wiederkäuen«. Bildhaft gesprochen würgen wir unsere Probleme also immer wieder hoch und kauen sie erneut durch. Aber wenn nicht zum großen Glück, wohin führt diese Problem-Wiederkäuerei?

Kürzlich haben zwei Studien des Zentralinstituts für Seelische Gesundheit in Mannheim gezeigt, dass wir durch Grübeln unsere Stimmung verschlechtern und unseren Stresspegel erhöhen. Unser Körper schüttet Cortisol aus, das »Stresshormon«. Außerdem führt Rumination zu einem geringeren Selbstwertgefühl und vermindert unsere Energie, es ist daher auch eines der Hauptsymptome einer Depression. Auch bei bestimmten Angststörungen spielt das Grübeln eine Rolle, und zwar wenn wir über Zukünftiges nachgrübeln und uns dabei übermäßig sorgen.

Wer zu viel grübelt, ist außerdem anfälliger für Schlafstörungen, schläft schlecht oder gar nicht.

Auch im nicht-klinischen Kontext hat man das Problemewälzen untersucht und ist zu bemerkenswerten Ergebnissen gekommen: Probanden, die man in eine »Grübelstimmung« versetzt hatte, waren weniger gut darin, zwischenmenschliche Konflikte zu lösen, Entscheidungen zu treffen und sich zu konzentrieren. Kennen Sie das, wenn Sie in Gedanken die ganze Zeit mit einem bestimmten Problem beschäftigt sind und gleichzeitig versuchen, jemandem zuzuhören? Furchtbar! Ständig verpasst man den Anschluss im Gespräch, muss den anderen bitten, etwas zu wiederholen – oder man tut einfach so, als hätte man es verstanden. Wenn man dann auffliegt, kann es echt peinlich werden. Oder: Haben Sie jemals die Vögel zwitschern hören, während Sie in Gedanken an ein vergangenes Streitgespräch versunken waren?

Wer sich im Kopf mit seinen Problemen beschäftigt, wird unaufmerksam, verpasst das, was eigentlich gerade passiert – und damit auch die schönen Momente des Lebens.

## Problemlöseendlosschleifen

Lassen Sie uns ein kleines Zwischenfazit aus der ganzen Karl-Nina-Sache, dem Tsunami-Frühwarnsystem, den Dopamin-Glücksmomenten und der Wiederkäuerei ziehen: Sie dürfen Ihre Probleme behalten. Sogar die total bescheuerten, sogar das Problem der Problemlosigkeit. Sie können, wie wir gerade festgestellt haben, sowieso nicht anders. Menschen sind aufgrund der Evolution nun mal Problemfabriken, das ist kein Grund zum Verzweifeln, sondern völlig normal. Um allerdings nicht mit Problem-Burn-out zusammenzuklappen und Enttäuschungen am laufenden Band zu erleben, müssen wir im Vorhinein wissen, dass uns keine Lösung für irgendein noch so wichtiges Problem zum großen Glück führen wird. Wenn Ihr Weg zum Glück bisher in der »Ausrottung« von Problemen bestanden hat – geben Sie auf! Sie dürfen und sollen Probleme haben. *Sie werden immer welche haben.*

Heißt das jetzt, dass Sie nie wieder irgendein Problem lösen sollen? Natürlich nicht. Selbstverständlich können Sie

Ihren Müll rausbringen, wenn das das Problem des Gestanks in Ihrer Küche beseitigt. Es geht nicht darum, einfache Probleme, also zum Beispiel Ihre täglichen Aufgaben, nicht mehr anzugehen. Doch es gibt noch eine andere »Sorte« von Problemen, man spricht in der Psychologie hierbei von »komplexen Problemen«, und mit denen können Sie nicht so leicht verfahren.

Ein komplexes Problem besteht, wenn viele verschiedene Faktoren existieren, die zu diesem Problem führen, wenn Sie nicht vorhersehen und zum Teil auch gar nicht beeinflussen können, wie sich diese Faktoren verändern, und Sie sie zudem gar nicht alle kennen. Zwischenmenschliche Probleme sind beispielsweise komplexe Probleme – denn wie wollen Sie wirklich wissen, was im anderen vorgeht, was dieser als Nächstes tun wird und warum?

Kehren wir noch einmal zu Karl und Nina zurück. Nina hat die Leidenschaftslosigkeit ihrer Beziehung bemerkt und möchte sie wiederbeleben. Also geht sie zu Karl und sagt: »Karl, ich habe eine Überraschung für dich. Ich möchte mit dir das kommende Feiertagswochenende in Paris verbringen! Du musst dich um nichts mehr kümmern, ich habe schon alles gebucht, am Freitag geht es los.«

Aber Karl hat bereits andere Pläne. Er hat für die Feiertage schon einen Kurztrip nach Kopenhagen mit Freunden gebucht – unter anderem mit zwei Freundinnen, die Nina nicht ausstehen kann. Nina wird überraschenderweise von ihren Gefühlen übermannt. Sie kann nicht glauben, dass Karl ihr gemeinsames Paris-Wochenende ausschlägt, und brüllt: »Niemals werde ich es zulassen, dass du mit diesen beiden grässlichen Frauen nach Kopenhagen fährst!«

Um besonders temperamentvoll zu wirken, pfeffert sie nach ihren Worten noch einen Eierbecher auf den Boden. Karl zuckt gleichgültig mit den Schultern und sagt: »Du kannst mir nichts verbieten. Ich fahre trotzdem. Kannst ja mit einer Freundin nach Paris fliegen.«

So. Am besagten Wochenende sitzt Nina zu Hause, das Hotel und die Flüge hat sie storniert, weil sonst keiner Zeit hatte. Nina hat also viel Zeit zum Nachdenken. Und egal wie viele Konsequenzen sie sich für Karls Verhalten ausdenkt, wie viele Rachegedanken sie hegt, wie oft sie ihn auf seinem Handy anruft – das Problem bleibt weiter bestehen, und sie kann es nicht ändern: *Karl ist nach Kopenhagen gefahren, obwohl sie mit ihm nach Paris wollte.*

Nina hat ein komplexes Problem und muss aushalten, dass sie Karl nicht kontrollieren kann. Doch sosehr sie es auch will, sie kann nicht aufhören, darüber nachzudenken.

*Warum will Karl nur mit diesen beiden Frauen verreisen und nicht mit mir? Bin ich denn gar nicht mehr begehrenswert für ihn? Andere Männer wären froh, mich als Freundin zu haben! Vielleicht sollte ich mir einen Verehrer suchen und es Karl auf die Nase binden? Oder gleich mit diesem Idioten Schluss machen? Aber was ist, wenn ich keinen anderen finde? Karl und ich verstehen uns doch sonst ganz gut. Vielleicht habe ich ihn mit Paris einfach vor vollendete Tatsachen gestellt, und er war wütend. Trotzdem, ich hatte schon alles gebucht, er hätte Kopenhagen absagen müssen! Ich muss bei ihm doch an erster Stelle stehen!*

Kennen Sie das? Waren Sie auch schon mal wütend und in einer Problemlöseendlosschleife gefangen? Was können wir bloß tun, um endlich *aufzugeben*? Was machen wir mit komplexen Problemen?

Ich habe einen Vorschlag. Wir können unser Problemlösen mit etwas Abstand betrachten und eine Art Metaebene einnehmen. Wir können lernen, uns weder am Inhalt unserer Probleme großartig zu stören noch an der Tatsache, dass wir uns in einer Problemlöseendlosschleife befinden. Und dann werden wir so natürlich mit unseren Problemen leben wie mit der Tatsache, dass wir fünf Finger haben. Aber dafür müssen wir uns erst etwas genauer mit der Natur von Problemen beschäftigen.

## Was genau ist eigentlich ein Problem?

Ganz allgemein sprechen wir von einem Problem, wenn ein Ist-Zustand in irgendeiner Form von einem Soll-Zustand abweicht. Oft geht es dabei um unser Selbstkonzept, Psychologen nennen es dann eine Real-Ideal-Diskrepanz. Einfach ausgedrückt: Wir sind nicht so, wie wir gern wären.

Um das besser zu verstehen, versetzen Sie sich zur Abwechslung mal in Ihre Heizung hinein. Stellen Sie sich vor, es ist eine moderne Heizung mit Thermostat, und an dem Thermostat ist eingestellt, dass es immer gemütlich warme zweiundzwanzig Grad Celsius in Ihrem Wohnzimmer sein sollen. Nun ist aber über Nacht der Winter ganz überraschend hereingebrochen, und auf einmal herrschen in dem Zimmer nur noch neunzehn Grad. Ihre verzweifelte Heizung denkt jetzt: Ach du lieber Himmel! Neunzehn Grad! Wie konnte denn das passieren? Wie konnte ich das zulassen? Drei Grad Temperaturdifferenz – bin ich in meinem Job noch richtig? Was werden nur meine lieben Bewohner sagen?«

Um ihre Selbstzweifel loszuwerden, fängt Ihre Heizung sofort panisch an zu heizen. Wenn Sie diesem Buch bis hierhin folgen konnten, stehen die Chancen gut, dass Sie keine Heizung sind. Aber in Ihrer Einschätzung, dass die Dinge oft anders sind, als sie sein sollten, sind Sie ihr tatsächlich ganz ähnlich. Nehmen wir Ihre letzte Erkältung. Sie wären gerne gesund, sind jedoch krank, und das ergibt ein Problem. Aber ist diese Abweichung wirklich *von Natur aus* problematisch? Wenn dem so wäre, müsste Ihnen jeder Mensch zu jedem Zeitpunkt zustimmen. Eine Erkältung ist ein Problem. Immer. Aber fragen Sie mal einen Krebskranken. Wahrscheinlich würde er jubeln, Ihre Erkältung zu haben statt eine lebensbedrohliche Krankheit, und Ihnen sagen: »Eine Erkältung ist beim besten Willen kein Problem. Die geht in ein paar Tagen wieder weg. Ich würde wegen so etwas nicht mal zum Arzt gehen.«

*Ach so*, denken Sie. *Ich habe also kein Problem.* Aber Sie haben nicht die Erfahrung und die Perspektive eines Krebskranken, deshalb ist es nicht so leicht, umzudenken, stimmt's? Noch nicht mal für Heizungen!

Nehmen wir an, Ihr Nachbar hat es in seiner Wohnung gern etwas kälter als Sie. Dann würde ein Gespräch zwischen Ihren beiden Heizungen vielleicht in etwa so klingen:

Ihre Heizung: »Offen gestanden ist mir das richtig peinlich, aber – bei mir sind momentan nur neunzehn Grad! Neunzehn! Wie konnte das nur passieren? Ich bin echt der Inbegriff des Versagers.«

Die Heizung Ihres Nachbarn: »Neunzehn Grad sind doch super, weiß gar nicht, was du hast. Bei mir sind gerade … warte, lass mich schauen … achtzehn. Vielleicht fang ich in 'ner Stunde mal an nachzulegen, aber jetzt glucker ich erst mal noch ein bisschen vor mich hin.«

Ihre Heizung: »Deine Ruhe möchte ich haben! Wenn bei mir nur achtzehn Grad wären, würde ich durchdrehen. Wie machst du das bloß?«

Die Heizung Ihres Nachbarn: »Keine Ahnung, ich war schon immer so. Entspann dich doch mal.«

Kommt Ihnen dieser Dialog bekannt vor? Wie oft erzählen

uns die Leute, dass wir uns gar keinen Kopf machen müssen. Dass die Dinge gar nicht so schlimm seien. Schön für euch, für mich aber schon!, denken wir dann und fühlen uns unverstanden. Als hätten wir eine falsche Sichtweise und die des anderen sei die richtige. Aber, wie das Heizungsbeispiel zeigt, sind wir Menschen lediglich unterschiedlich eingestellt.

Wer hat also an Ihrem Thermostat gedreht und es anders eingestellt als das Ihrer Nachbarn, Ihrer Freunde, Ihrer Kollegen oder Ihres Ehepartners? Es gibt viele Antworten auf diese Frage: die Evolution, Ihre Gene, Erziehung, gesellschaftliche Normen und jede Erfahrung, die Sie bisher in Ihrem Leben gemacht haben. Wissenschaftlich gesprochen also eine Mischung aus *exogenen* und *endogenen* Faktoren, das heißt, Ihr Thermostat wird sowohl von der Umwelt als auch von Ihren körperlichen Anlagen beeinflusst. Bevor Sie jetzt jedoch anfangen, Ihre Normen und Werte in Frage zu stellen oder nachzuforschen, welche schlimmen Erfahrungen daran schuld sind, dass Sie zum Beispiel viel misstrauischer durchs Leben gehen als andere, lassen Sie Ihr Thermostat einfach, wie es ist.

Für den Moment können wir festhalten, dass ein Problem eine Abweichung zwischen Soll- und Ist-Zustand ist, sofern irgendjemand diese Abweichung empfindet und sich an ihr stört.

Das Interessante daran ist, dass Probleme etwas ganz Individuelles zu sein scheinen. Und wenn etwas individuell ist, dann ist es relativ, es variiert. Dass *Sie* meinen, ein Problem zu haben, wenn Ihr Partner Sie betrügt, ist nicht die absolute Wahrheit, sondern nur eine von vielen möglichen Einschätzungen der Situation. Und selbst Ihre Einschätzung ist nichts Absolutes, auch sie verändert sich. Lassen Sie uns dazu ein kleines Gedankenexperiment machen.

## Simsalabim

Stellen Sie sich ein beliebiges Problem vor, das Sie gerade haben. Vielleicht einen Konflikt mit dem Partner, die Sorge um ein krankes Familienmitglied oder eine schwierige Situation an Ihrem Arbeitsplatz. Sie können auch an ein kleineres Problem denken, etwa Ihre Lustlosigkeit, zum Sport zu gehen, Ihre Mühe, sich zum Lernen aufzuraffen, oder Ihre Enttäuschung über eine abgesagte Verabredung. Fokussieren Sie nun alle negativen Aspekte, die mit diesem Erlebnis oder Zustand in Zusammenhang stehen.

*Warum hat er Ihnen das nur angetan? Wieso lästern Ihre Kollegen so offensichtlich hinter Ihrem Rücken? Denken sie etwa, Sie sind dumm und merken es nicht? Wie kann es sein, dass alle anderen so dünn sind, nur ich bin richtig fett? Warum habe ich dies oder jenes nur zu ihr gesagt, ich bin so ein Hornochse!*

Spüren Sie die Belastung. Erleben Sie die negativen Gefühle, die mit dieser Situation einhergehen. Die Angst, Wut, Trauer, Unsicherheit, vielleicht sogar Verzweiflung. *Fühlen Sie sich bitte möglichst schlecht.* Bleiben Sie für einige Augenblicke in dieser unglücklichen Verfassung.

Dreiundzwanzig …

Zweiundzwanzig …

Einundzwanzig …

Und jetzt stellen Sie sich vor, wie es sich anfühlen würde, frei von diesem Problem zu sein. Sie müssen keine Lösung dafür finden, nehmen Sie einfach an, es existiert nicht mehr. Es ist schlichtweg nicht mehr da – Sie sind es los! Falls Ihnen diese Vorstellung schwerfällt, erinnern Sie sich an eine Zeit, in der es das Problem noch gar nicht gab, und versetzen Sie sich in diesen Gefühlszustand zurück. Spüren Sie einige Momente lang, wie es Ihnen damit geht.

Wie fühlt sich das an? Wie ist es, frei von diesem Problem zu sein?

Vielleicht müssen Sie lächeln, haben ein freudiges Kribbeln im Bauch oder können Ihr Glück kaum fassen. Endlich ist diese Belastung verschwunden, und Sie können das ständige Grübeln einstellen. Es gibt einfach keine Notwendigkeit mehr, sich schlecht zu fühlen, und schon sind Sie zufrieden.

Was ist in den letzten Minuten passiert? Sie haben sich mithilfe Ihrer Vorstellungskraft ein Problem vergegenwärtigt und zugelassen, dass negative Gefühle Sie überfallen. Als Nächstes haben Sie das Problem verschwinden lassen, und als Folge davon haben Sie sich kurzfristig gut und erleichtert gefühlt. Doch keine Sorge, Ihr Problem wird sich bald wieder bei Ihnen melden. Der Sinn unseres Gedankenexperiments liegt auch gar nicht darin, Sie von diesem Problem zu »erlösen«, sondern Ihnen erstens die Wandelbarkeit Ihrer Sichtweise vor Augen zu führen und zweitens die Frage aufzuwerfen: Wie kann es sein, dass Sie in der Lage dazu sind, ein Problem zu erschaffen und wieder verschwinden zu lassen?

Die einzige logische Erklärung dafür ist, dass Probleme nicht aus sich heraus existieren.

Kennen Sie den Film *Asterix erobert Rom*? Asterix und Obelix müssen darin zwölf Aufgaben lösen, um Cäsar die Göttlichkeit der Gallier zu beweisen. Die vorletzte Aufgabe besteht darin, eine Nacht in der »Ebene der Toten« zu verbringen, die jede Nacht von Geistern gefallener Soldaten bespukt wird. Als die Geistersoldaten auftauchen, freut Obelix sich über die römische Legion und versucht, sie mit aller Kraft zu verprügeln. Er schlägt und tritt um sich, boxt, zerrt, würgt und ohrfeigt. Da es aber Geister sind, geht jede Berührung durch sie hindurch, und Obelix ist nach ein paar Minuten fix und fertig. So ähnlich ergeht es uns mit unseren komplexen Problemen. Wir gehen sie mit allen Mitteln an, ohne zu sehen, dass sie im Grunde substanzlos sind, und das powert uns ziemlich aus.

Was könnten wir stattdessen tun? Wir könnten in dem Bewusstsein verweilen, dass Probleme nur in dem Maße existieren, in dem wir an sie denken. Diese Erkenntnis soll Sie aber nicht dazu ermuntern, an Ihrem Denken rumzuschrauben! Wie gesagt, Sie werden *immer* Probleme haben. Nehmen Sie das Problem einfach wahr, und wissen Sie gleichzeitig, dass es sich um ein vorübergehendes und ziemlich instabiles Phänomen Ihrer Gedankenwelt handelt. Damit Sie das wirklich wissen, müssen Sie aber täglich *bewusst* bemerken, dass Probleme kommen und gehen.

Durch unser Gedankenexperiment haben Sie bereits erste Erfahrungen gesammelt – trotzdem lassen Sie uns noch ein weiteres Szenario durchspielen: Erinnern Sie sich an eine Zeit, in der eine unlösbare Sache gehörig an Ihnen nagte. Denken Sie zum Beispiel mal an Ihren letzten Liebeskummer. Ich bin mir sicher, in Ihrem Leben gab es schon irgendeine gescheiterte Romanze mit jemandem, der anschließend noch quälend oft in Ihrem Kopf auftauchte. Womöglich haben Sie (und Ihr Freundeskreis) darunter ganz schön gelitten. Doch überlegen Sie mal. Zwischen dem Auftauchen gab es Augenblicke, in denen Sie an etwas ganz anderes dachten. Vielleicht ist Ihnen in den Sinn gekommen, dass Sie dringend einkaufen mussten. Oder Ihr Telefon hat geklingelt, und während Sie nach Ihrem Handy suchten, ist Ihnen Ihr Problem, dass der andere nicht bei Ihnen ist, völlig entfallen. Aber wo war es bloß, wo war es hin? Ganz einfach, es hat nicht mehr existiert.

Bemerken Sie diese Momente. Mit der Zeit werden Sie viel

weniger von Ihren Problemen »verschlungen« werden. Wenn Sie aber versuchen, all diese durch Ihr Denken zu bewältigen, ist das, als ob Sie eine Armee von Geistern besiegen wollen. Möchten Sie wissen, wie Asterix die Aufgabe in der »Ebene der Toten« löst? Er lässt die Gespenster einfach spuken und legt sich schlafen.

## Wie Sie den Irrweg verlassen

An dieser Stelle muss ich Ihnen ein Geständnis machen. Ich habe schon sehr viele Ratgeber gelesen, und immer, wenn konkrete Übungen darin beschrieben werden, überfällt mich eine schreckliche Faulheit. Oft denke ich: Ach, das hört sich ja nett an!, aber ich kriege es trotzdem nicht hin, die Übungen auszuführen. Meistens liegt es daran, dass man sich dafür irgendwie anders hinsetzen soll, Stift und Papier braucht oder einen Teddybären aus der Kindheit. Falls es Ihnen ähnlich schwerfällt, sich zu einem praktischen Teil aufzuraffen, kann ich Sie beruhigen: Ich habe ein paar »Übungen to go« für Sie parat. Sie können sie quasi nebenbei machen, und ich verspreche Ihnen, dass Sie dafür keinen Teddybären brauchen. Aber natürlich wird auch für die »Macher« unter Ihnen, die nur darauf brennen, etwas in Ihr neues Notizbuch zu schreiben, einiges dabei sein. Wichtig ist nicht, dass Sie alle Übungen stoisch durcharbeiten, wählen Sie ruhig die aus, die Sie besonders neugierig machen. Aber Sie sollten sich den praktischen Teil dieses Buchs auch nicht komplett durch die Lappen gehen lassen. Sie mögen sich vielleicht fragen, warum es hier überhaupt Übungen gibt. Schließlich haben wir das Glücksziel bereits gestrichen – was sollen diese Selbstversuche dann bewirken? Einerseits vertiefen sie Ihr

Verständnis von dem, was auf diesen Seiten steht, weil Sie durch die Übungen Ihr eigenes Erleben befragen und meine theoretischen Überlegungen »lebendig« werden lassen. Andererseits bieten die Übungen Ihnen die Möglichkeit, zu überprüfen, ob der Inhalt jedes Kapitels für Sie Relevanz hat. Ich kann Ihnen ja viel erzählen. Stellen Sie also meine Thesen auf die Probe und ziehen Sie Ihre eigenen Schlüsse.

 ÜBUNG 1

## Nichts als Probleme

Erinnern Sie sich? Ich sagte Ihnen schon, dass Menschen Problemfabriken sind. Es ist wichtig, dass Sie mir diese Aussage nicht einfach glauben – überprüfen Sie sie! Wenn Sie das nächste Mal in einem Café auf Ihre Freundin warten, belauschen Sie doch die Gespräche am Nachbartisch. Ich erlaube Ihnen das hiermit. Wissen Sie, worüber sich die Leute unterhalten? Probleme, Probleme, Probleme! Probieren Sie es aus.

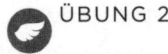 ÜBUNG 2

## Thermostate gucken

Machen Sie sich mit der Idee der unterschiedlichen Thermostate vertraut. Nutzen Sie dafür die nächste Situation, in der sich jemand Ihnen gegenüber nicht so verhält, wie Sie es gerne hätten. Nehmen wir an, Sie sind in einem schicken Restaurant zum Essen verabredet und Ihr Partner erscheint zwanzig Minuten zu spät – ohne Ihnen Bescheid zu sagen. Bevor Sie ihn anmotzen, vergegenwärtigen Sie sich, dass sein Thermostat offensichtlich ganz anders eingestellt ist als Ihres. Nämlich viel lockerer. Vermutlich würde er Sie erst nach einer halben Stunde informieren. Sie hingegen hätten gern schon nach zehn Minuten – am besten noch viel früher – ein Update von ihm. Egal, welches Thermostat nun richtig oder falsch eingestellt ist, nehmen Sie bitte die *Unterschiedlichkeit* wahr. Nachdem Sie sich Ihre Thermostate angeschaut haben, dürfen Sie ihn selbstverständlich zur Schnecke machen. Falls Ihnen danach zumute ist.

 ÜBUNG 3

## Samuel vom Saturn

Um weniger in Ihre Probleme hineingezogen zu werden und zu der zuvor erwähnten »Metaebene« zu gelangen, müssen wir Abstand von unseren Gedanken und Gefühlen gewinnen. Das funktioniert tatsächlich, ohne sie loszuwerden. Ich verrate Ihnen dafür jetzt eine wundervolle Technik: Wie Sie inzwischen bestimmt gemerkt haben, wiederhole ich mich darin, dass Menschen Problemfabriken sind. Aber *Außerirdische* sind es nicht. Wenn Sie also kläglich bei dem Versuch scheitern, Ihre Problemlöseendlosschleife nur zu beobachten, wechseln Sie bitte den Blickwinkel und stellen sich vor, Sie seien Samuel vom Planeten Saturn. Sie haben Samuel erlaubt, für kurze Zeit in Ihren Körper zu schlüpfen, um das menschliche Erleben zu studieren. Wenn Sie sich am nächsten Tag also immer noch ärgern, dass Ihr Partner Sie nicht beizeiten über sein Zuspätkommen in Kenntnis gesetzt hat, können Sie Samuels Perspektive einnehmen. Samuel überlegt vielleicht: Aha. Menschen werden richtig wütend, wenn jemand zu spät aufkreuzt und Ihnen nicht Bescheid sagt. Menschen haben das Bedürfnis, dem anderen etwas über den Schädel zu ziehen. Sie können auch gar nicht aufhören, über diese Sache nachzudenken. Interessant.«

Lassen Sie Samuel alle Gedanken und Gefühle wahrnehmen, die Sie haben. Sie ermöglichen ihm damit, wichtiges Material für sein Forschungsteam auf dem Saturn zu sammeln. Das hört sich vielleicht albern an, aber ich *liebe* diese Übung. Sie beschert unverschämt viel Gelassenheit.

# KAPITEL 2

# Irrwege zum Glück

## Platz 4: Unser Beruf

*Erfolg bringt definitiv Einsamkeit mit sich. Die Leute denken, man habe Glück, dass man alles habe. Sie denken, man könne überall hin und alles tun, aber das ist nicht der Punkt. Man verzehrt sich nach den grundlegenden Dingen.*
MICHAEL JACKSON

Hannes ist arbeitslos. Nach seinem Studium hat er einen Job in einem Ingenieurbüro angefangen, doch sein befristeter Arbeitsvertrag wurde nicht verlängert, und seine Bewerbungen für eine neue Stelle blieben bisher erfolglos. Hannes fühlt sich nicht wertgeschätzt. Warum wollte sein Chef ihn nicht länger beschäftigen? Und wieso findet er keinen neuen Job? Die Arbeitswelt scheint nicht auf ihn gewartet zu haben, niemand interessiert sich für seinen guten Studienabschluss und das ausgezeichnete Arbeitszeugnis. Seine erfolglose berufliche Situation schlägt sich mit der Zeit auch auf sein Privatleben nieder. Lernt er neue Leute kennen, ist es ihm peinlich, zuzugeben, dass er arbeitslos ist. Er hat Angst, dass die anderen ihn für unfähig halten und auf ihn herabsehen. Deshalb verkriecht er sich immer öfter zu Hause, denn auch die Nachfragen von seinen Freunden und seiner Familie gehen ihm auf die Nerven. Das Schreiben von Bewerbungen frustriert ihn fast mehr als die Arbeitslosigkeit, seine ganze Situation erscheint ihm aussichtslos. Erst nach einem Jahr gelingt es ihm, bei einem Vorstellungsgespräch zu überzeugen, und Hannes wird eingestellt – endlich! Überglücklich und stolz tritt er die neue Stelle an. Es braucht einige Zeit der Einarbeitung, aber die Kollegen sind nett, und er kommt gut zurecht. Nach der Probezeit erhält er sogar einen unbefristeten Arbeitsvertrag. Nie wieder ohne Job! Ein großartiges Gefühl. Nur eines missfällt Hannes schon nach den ersten Monaten, und er traut sich kaum, es vor jemandem zuzugeben. Aber ... es ist so langweilig. Den ganzen Tag im Büro zu verbringen, abends früh ins Bett zu gehen, um morgens fit zu sein, die paar Wochen Urlaub im Jahr – und das alles bis zur Rente. Als es im Winter dunkel ist, wenn Hannes ins Büro fährt, und es dunkel ist, wenn er sich auf den Heimweg macht, fühlt er sich richtig deprimiert. Vielleicht sollte er sich auf eine höhere Position bewerben, mit spannenderen Aufgaben. Wenn er mehr Verantwortung hätte, ihm vielleicht sogar einige Mitarbeiter unterstellt wären, hätte er endlich das Gefühl, es beruflich zu etwas gebracht zu haben. Seine Tätigkeit wäre dann viel bedeutsamer, und das würde ihn für die Scherereien entschädigen. Außerdem gäbe es da natürlich noch das höhere Gehalt.

Binnen weniger Monate schafft Hannes es, die Karriereleiter ein Stück weiter hochzusteigen, und er wird in die Zweigstelle seiner Firma nach Südfrankreich versetzt. Der Beginn dieses neuen Lebensabschnitts löst im Vorfeld Euphorie in ihm aus. Seine Freunde und Bekannten beneiden ihn, und er fühlt sich nicht mehr deprimiert, sondern lebendig. Doch sein Start in Frankreich läuft nicht so wie geplant. Die Stadt, in der er gelandet ist, kann nur als ein kleines Kaff bezeichnet werden, das ihm nicht gefällt. Auch sein Französisch bereitet ihm Probleme. Für die alltägliche Kommunikation reicht es allemal, aber die Vokabeln für seine Tätigkeit muss er sich nach und nach aneignen. Er fühlt sich im Nachteil – und das in seiner jetzigen Position als Junior-Manager. Am Wochenende kann er zwar an den Strand fahren, aber allein macht das keinen Spaß. Außerdem sind alle seine Kollegen nicht in seinem Alter. Er vermisst seine Freunde und fühlt sich einsam. Da hat er eine Idee. Warum versucht er nicht, sich selbstständig zu machen? Dann könnte er überall arbeiten, könnte mal im Süden in der Sonne liegen und dann nach Hause zurückkehren, so oft und lange er möchte. Er würde sich nicht mehr die Karriereleiter entlanghangeln müssen, er wäre sein eigener *Chef*. Ganz oben angekommen. Hoffnungsvoll beginnt er, konkretere Pläne zu schmieden.

Was meinen Sie, wird Hannes das große Glück in der Selbstständigkeit finden? Wie ist das bei Ihnen, sind Sie mit Ihrer beruflichen Situation zufrieden? Oder ertappen Sie sich manchmal dabei, wie Sie die Stellenanzeigen auf der Suche nach einer neuen Herausforderung durchforsten? Laut dem britischen Meinungsforschungsinstitut YouGov glauben 43 Prozent der Frauen und 48 Prozent der Männer, dass sie sich in den nächsten fünf Jahren beruflich verändern werden – gehören Sie dazu? Stellen Sie sich vor, wie wundervoll es wäre, wenn Sie besser bezahlt werden oder diese künstlerische Karriere beginnen würden, von der Sie schon lange träumen? Womöglich sind Sie arbeitslos und wissen, Ihr Leben wäre komplett, wenn Sie endlich wieder eine Aufgabe hätten? Egal, in welcher Situation Sie sich gerade befinden, erfolgreicher geht es immer, oder?

Setzen wir Erfolg mit Glück gleich, legen wir den Grundstein für ständige Unzufriedenheit, denn es gibt kein Limit. Unsere Messlatte wächst mit unseren beruflichen Aufstiegen. Und genauso wenig wie wir es schaffen, endgültig genug Ruhm, Geld, Gewinn zu haben, gelingt es uns, endgültig glücklich zu sein.

Verstehen Sie mich nicht falsch – ich sage nicht, dass Sie sich keinen neuen Job suchen oder es nicht wagen sollten, sich selbstständig zu machen. Aber wenn Sie es tun, um glücklich zu werden, wird die Enttäuschung nicht lange auf sich warten lassen. Ich habe neulich mit drei anderen Autorinnen an einer Podiumsdiskussion zum Thema »Lebenskrisen« teilgenommen, und eine der Autorinnen sagte: »Zuerst denkt man, man wäre für immer glücklich, wenn man endlich einen Verlag gefunden hat und Bücher veröffentlicht. Doch wenn man das geschafft hat, gibt es andere Probleme und Wünsche. Zwar auf einer höheren Ebene, aber die Unzufriedenheit ist wieder da.« Diese Einsicht fällt nicht leicht. Wir glauben hartnäckig daran, dass unsere Gefühlswelt sich grundlegend positiv verändert, wenn wir beruflich weiterkommen, dabei müssten wir es eigentlich besser wissen.

Jeder kennt Geschichten von abgestürzten Stars, preisgekrönten Menschen, die unglücklich sind, und reichen Geschäftsleuten, deren Privatleben zerbrochen ist. Warum lernen wir nichts aus diesen Erfahrungen? Ganz einfach: Wir sind der Meinung, bei uns würde es anders verlaufen. Wenn wir bloß erfolgreicher mit unserem Start-up wären oder die erhoffte Beförderung bekämen, dann wären wir glücklich. Doch selbst wenn wir das persönliche Maximum unserer Karriere erreichen, lassen sich diese Höchststufe und die damit verbundene Freude nicht bis in alle Ewigkeit festhalten.

Stellen Sie sich vor, Sie wären Psy und hätten »Gangnam Style« gesungen. Über sechsundvierzig Millionen Klicks auf YouTube. Sie sind eine Berühmtheit! Was für ein Erfolg! Aber werden Sie an diesen riesigen Hit jemals anknüpfen können? Wahrscheinlich nicht.

Ein Jugendlicher aus meiner Sozialarbeit, nennen wir ihn Leon, legte mir dar, dass es sein größter Traum sei, YouTube-Star zu werden. Natürlich ist mir schon zu Ohren gekommen, dass man mit Klicks auf YouTube Geld verdienen kann, aber ich wusste bis zu diesem Zeitpunkt nicht, dass es für Jugendliche tatsächlich das Berufsbild YouTube-Star gibt. Das große Glück hing für Leon also davon ab, einen gewissen Bekanntheitsgrad im Internet zu erreichen. Der Haken an der Sache war, dass er auf meine Nachfragen nicht genau sagen konnte, ab wann man eigentlich ein Star ist, wie viele Klicks man braucht, um berühmt zu sein, und wie lange so ein Erfolg auf YouTube überhaupt vorhält. Er dachte, er würde irgendwann das *Gefühl* haben, es geschafft zu haben.

So ähnlich geht es uns allen. Wir versuchen, durch beruflichen Erfolg unser diffuses Wunschgefühl zu erlangen. Doch selbst wenn Sie nicht nach öffentlichem Ruhm streben, sondern sich in der Hoffnung auf das große Glück in Ihrer Firma bis zum Abteilungsleiter hochgearbeitet haben, wird sich Ihr Weg zum Glück irgendwann als Irrweg entpuppen. Was passiert, wenn Sie in Rente gehen müssen, arbeitsunfähig werden oder Ihre Firma pleitegeht? Wenn die Anforderungen an Ihren Job grundlegend anders werden, Ihnen ein unangenehmer Chef oder Kollege vor die Nase gesetzt wird? Beruflicher Erfolg kann Sie nicht zum großen Glück führen, weil dieser von zu vielen Bedingungen abhängt, die sich ständig verändern – und sei es nur die Anzahl Ihrer Klicks auf YouTube.

Besonders offensichtlich wurde mir diese Wandelbarkeit der Arbeitswelt vor Augen geführt, als ich die Bekanntschaft mit einem Schauspieler machte, der tatsächlich in einer bekannten US-amerikanischen Fernsehserie mitspielte. Er erzählte, dass er zu der Zeit, als die Dreharbeiten in vollem Gange waren, zu jedem roten Teppich und zu allen angesagten Partys in Hollywood eingeladen wurde. Seine Karriere befand sich auf einem Höhepunkt, und jeder wollte ihn unter seinen Gästen wissen. Das muss ein ziemlich wohltuendes Gefühl sein, wenn man so viel Interesse gezeigt bekommt! Doch das änderte sich drastisch und unmittelbar, nachdem die Dreharbeiten beendet und die Serie ausgestrahlt war. Plötzlich flatterten die Einladungen zu den glanzvollen Events nicht mehr ins Haus, die eigene Person war nicht mehr »angesagt«. Mit Beendigung der Serienrolle endete auch die mediale Nachfrage, an der sich unter anderem der Erfolg eines Schauspielers bemisst. Man kann in diesem Zusammenhang nicht unbedingt von einem beruflichen Absturz sprechen, aber doch von einem abrupten Karriereknick.

Nun sind die wenigsten von uns Schauspieler in Hollywood. Aber auch in unserem normalen beruflichen Alltag kennen wir Höhen und Tiefen. Wenn wir uns nicht darüber bewusst werden, dass unser Beruf uns niemals das große Glück bescheren wird, laufen wir Gefahr, uns durch das Abebben unseres Erfolgs oder das Nichterreichen eines Ziels in unserem Selbstwert bedroht zu fühlen. Schlimmer noch: Laut dem kanadischen Pädagogen Laurence J. Peter führt sogar der berufliche Aufstieg dazu, dass wir früher oder später die Stufe unserer eigenen Unfähigkeit erreichen und unglücklich werden. Dieses Phänomen ist als »Peter-Prinzip« bekannt. Beginnen Sie zum Beispiel Ihre Karriere als Aushilfe, danach werden Sie als Mitarbeiter fest angestellt, anschließend befördert man Sie zum Abteilungsleiter, Junior Manager und ganz zum Schluss zum Senior Manager – in einem solchen Fall, so Peter, ist davon auszugehen, dass Sie auf der höchsten Position Ihrer Karriere nicht mehr genauso kompetent handeln können wie auf einer niedrigeren. Und das gibt Ihnen selbstverständlich kein gutes Gefühl. Das mag natürlich nicht bei jedem zutreffen, der eine vergleichbare Entwicklung durchmacht. Aber die Idee ist, dass Sie beruflich aufsteigen, weil Sie Ihr Tätigkeitsfeld perfekt beherrschen, was zur Folge hat, dass Sie einen größeren oder komplexeren Aufgabenbereich überantwortet bekommen. Dieser wächst mit jedem Karrieresprung weiter, und irgendwann sind Sie überfordert und auf Ihrer höheren Position nicht mehr so gut besetzt wie zu Beginn.

Heißt das, man sollte lieber genügsam ein Dasein als Aushilfe fristen? Vielleicht. Wenn Sie Spaß an diesen Arbeiten haben, sollten Sie zumindest in Betracht ziehen, nicht aus Prinzip etwas an dieser Formel zu ändern.

Es gibt einen Text von Heinrich Böll, der den provokanten Titel »Anekdote zur Senkung der Arbeitsmoral« trägt. Kennen Sie ihn?

*Ein Fischer liegt gemütlich in seinem Fischerboot und döst. Da kommt ein Tourist vorbei und fragt ihn, warum er bei dem guten Wetter nicht aufs Meer fährt und Fische fängt. Der Fischer antwortet, dass er heute Morgen schon einen guten Fang gemacht habe und für heute und morgen versorgt sei. Der Tourist beginnt dem Fischer daraufhin vorzurechnen, wie er sein Geschäft ausbauen könnte, wenn er trotzdem aufs Meer fährt, mehr Fische fängt, welche Möglichkeiten er hätte, wenn er seine Fische exportieren würde, eine Firma gründet, Mitarbeiter einstellt und so weiter. Der Fremde wird richtig euphorisch und ist begeistert von seinem Businessplan. Der Fischer fragt nur leise: »Und was dann?« Der Tourist antwortet: »Dann könnten Sie beruhigt hier im Hafen sitzen, in der Sonne dösen – und auf das herrliche Meer blicken.«*

Ich finde diese Anekdote großartig. Sie hat rein gar nichts mit geringen Ambitionen zu tun, sondern mit der Weisheit, sein Leben auszukosten und nicht mit der Suche nach dem Glück zu verschwenden.

Eine gute Freundin von mir hat ihr Studium der Biochemie aufgegeben, als sie kurz vor dem Diplom stand. Sie hat nach langem Hadern beschlossen, ihrem Gefühl zu vertrauen und einer Arbeit nachzugehen, bei der sie sich wohlfühlt. Sie ist jetzt im Einzelhandel tätig. Dieser Entschluss hat mich beeindruckt. Ich bin überzeugt, dass die meisten Menschen sich nicht zu so einem mutigen Schritt durchringen können. Doch warum nicht? Was befürchten wir, wenn wir unseren akademischen Ehrgeiz einstellen?

## Die Sache mit dem Geld

Materieller Wohlstand macht glücklich, da sind wir uns sicher. Wenn wir es beruflich oder akademisch nicht weit bringen, werden wir nicht viel verdienen und verwehren uns damit unserem Glück. Lassen Sie uns einen Blick in die psychologische Forschung werfen, um diese Überzeugung zu hinterfragen.

Sie denken bestimmt, Sie wären Ihre Sorgen los, wenn ich Ihnen jetzt zehn Million Euro schenke. Eine Studie der University of Pennsylvania ergab jedoch, dass die Freude über einen solchen Vermögensanstieg bereits nach drei Monaten wieder abgeflaut ist. Überlegen Sie mal: drei Monate! Das entspricht der Haltbarkeit einer Packung geriebenen Parmesans. Unsere Gefühlswelt lässt sich nicht sonderlich langfristig beeindrucken. Das ist wirklich jammerschade, denn es wäre so angenehm und einfach, wenn wir unser Wohlbefinden kaufen könnten. Diese Erkenntnis hat allerdings auch Gutes, wie eine ebenfalls in den USA durchgeführte Studie zeigt, in der Forscher herausfanden, dass das Glücksempfinden von Lottogewinnern und Unfallopfern mit Querschnittslähmung sich ein Jahr nach dem extrem positiven oder negativen Ereignis wieder angleicht. Das bedeutet: Sie können genauso wenig dauerhaft glücklich wie unglücklich werden.

Tatsächlich kann Reichtum durch den sogenannten Kontrasteffekt sogar dazu führen, dass Sie weniger häufig Glücksgefühle erleben. Von einem Kontrasteffekt spricht man, wenn Sie eine Sache im Vergleich zu einer anderen anders wahrnehmen. Nehmen wir an, Sie frühstücken jeden Tag im Berliner Luxushotel Adlon mit Blick aufs Brandenburger Tor. Wenn Sie das einmal nicht tun können und sich stattdessen bei einem gewöhnlichen Bäcker ein Schokocroissant kaufen, haben Sie weniger Freude daran, denn Sie sind schließlich anderes gewöhnt. Dieser Effekt funktioniert aber auch andersherum. Das Frühstück im Adlon wird für den »Normalbürger« zum echten Highlight. Der Kontrasteffekt führt also dazu, dass es reichen Menschen durch ihren Lebensstandard schwerer fällt, sich eine Freude zu machen, als geringer Verdienenden.

Bestimmt haben Sie auch schon einmal vor dem Fernseher gesessen und über das Luxusleben von Milliardären gestaunt. Haben Sie sich auch gefragt, wozu man zehn Garagen mit Maserati in allen erdenklichen Farben braucht? Ich sage es Ihnen: Diese vermögenden Leute versuchen händeringend die Freude in sich auszulösen, die sie beim Kauf des ersten Luxuswagens noch verspürt haben. Selbstverständlich heißt das nicht, dass steinreiche Menschen nicht dazu in der Lage sind, sich an allem Möglichen zu erfreuen und dankbar zu sein für das, was sie haben. Aber genau das können Sie auch tun, wenn Sie weniger verdienen. Beschäftigen wir uns nun mit dem zweiten Grund, der uns zu beruflichem Ehrgeiz antreibt.

## Der Gedanke an die anderen

»Was wird nur aus unserem Kind werden?«, fragen sich besorgte Eltern, wenn es mit dem Nachwuchs nicht so rund läuft. Diese Frage stellt ganz gut dar, mit welcher Einstellung wir ins Berufsleben starten: Wir müssen etwas werden. Möglichst etwas, das unsere Familie und uns selbst stolz macht, attraktiv auf potenzielle Partner wirkt und uns in unserem Freundeskreis nicht zum Außenseiter werden lässt. Dabei vergessen wir, worum es bei unserer Berufswahl eigentlich geht: Um das, was wir voraussichtlich ein Leben lang tagtäglich tun werden.

Statt das zu bedenken, lassen wir uns bewusst oder unbewusst von der Aussicht auf Anerkennung leiten, die uns vermeintlich glücklich macht. Doch warum funktioniert das nicht?

Die regelmäßig erhobene Allensbacher Berufsprestige-Skala gibt Aufschluss darüber, denn wir können ihr entnehmen, dass sich der Grad der Anerkennung eines Berufs wandelt. Während Sie sich als Rechtsanwalt im Jahr 2001 noch auf dem vierten Platz im Ranking befanden, landen Sie 2013 nur noch auf Platz neun. Auch die Reputation von Hochschulprofessoren ist rückläufig, ganz zu schweigen vom Prestige der Schriftsteller, die in der aktuellen Erhebung gar nicht mehr vorkommen, während sie ehemals Platz acht belegten. Der Ruhm ist Ihnen durch einen bestimmten Beruf also keinesfalls garantiert. Selbst wenn Sie Mediziner sind und damit unangefochten auf dem ersten Platz, was Berufsprestige angeht, werden Sie durch die stetige Anerkennung nicht glücklich werden. Denn auch wenn die äußeren Faktoren, die in Ihnen momentan Glücksgefühle auslösen, relativ stabil bleiben sollten, verändern sich die inneren Faktoren. Sie werden sich beispielsweise an die Bewunderung gewöhnen, die Ihnen entgegengebracht wird, oder ihrer sogar überdrüssig werden. Als eine Freundin von mir ihr Medizinstudium abgeschlossen hatte, wurde sie regelrecht wütend, dass die Leute sie auf ihren Beruf reduzierten. Sie sagte über eine flüchtige Bekannte: »Hätte ich eine Bäckerlehre gemacht, würde sie mich nicht so behandeln!« Es enttäuschte sie, dass die Menschen ihr aufgrund ihres Berufs besonders ehrfürchtig gegenübertraten.

Der wichtigste Grund, warum berufliche Anerkennung nicht zum Glück führt, ist jedoch, dass ein akademischer Grad nichts darüber aussagt, ob die Art, wie Sie Ihre Zeit verbringen, Ihnen Spaß macht. Das heißt, es ist ein Unterschied, ob Sie es toll finden, Journalist zu sein, oder ob Sie gerne den ganzen Tag in einer Zeitungsredaktion sitzen. Wenn Sie ein berufliches Ziel erreichen, mögen Sie Stolz empfinden und wissen, dass Sie allen Grund dazu haben, froh und dankbar zu sein. Aber Sie fühlen sich deshalb nicht automatisch besser als jemand, der es im Job nicht »so weit« gebracht hat. Mit anderen Worten: Sie springen morgens nicht quietschfidel aus dem Bett, bloß weil Sie einen Studienabschluss haben.

Neulich führte ich ein Gespräch mit einer jungen Frau, die genau diesem Irrweg folgte. Sie sagte: »Sie haben gut reden, wenn ich Sie wäre, würde ich jedes Wochenende nur auf der Couch sitzen und mich darüber freuen, dass ich ein Diplom habe, einen guten Beruf ausübe und sogar mehrere Bücher mit meinem Namen in den Läden stehen. Sie müssen gar nichts mehr machen. Sie haben schon so viel erreicht, ich habe nur ein abgebrochenes Studium und drei Kinder.«

Stellen Sie sich vor, wie diese Frau sich bei ihren Worten

gefühlt haben muss: minderwertig, enttäuscht, traurig. Und das nur, weil sie überzeugt davon ist, das Glück sei einzig in beruflichen Erfolgen zu finden – und sie deshalb ihre alltäglichen Aufgaben und Gefühle nicht wertschätzen kann. Höchste Zeit, diesem Irrweg nicht mehr zu folgen.

## Gehen oder Bleiben?

Das Glück nicht durch berufliche Erfolge zu finden ist nicht das Gleiche, wie täglich unglücklich zu sein. Mit Sicherheit gibt es Jobs, die grundsätzlich besser zu Ihnen passen als andere, und Arbeitsbedingungen, die dazu führen, dass Sie mehr Spaß bei Ihrer Tätigkeit haben – auch wenn es Ihnen dadurch nicht dauerhaft gut geht.

Obwohl es Phasen in unserem Leben geben kann, in denen wir aufgrund finanzieller Nöte zeitweise dazu gezwungen sind, eine Arbeit zu machen, die uns nicht richtig zusagt, haben die meisten von uns fast immer eine Wahlmöglichkeit. Wir können uns etwas Neues in der gleichen Branche suchen, zweite Bildungswege beschreiten, quer einsteigen, erneut studieren, uns versetzen lassen, kündigen, freiberuflich oder gar nicht arbeiten. Die Frage, die viele von uns umtreibt, ist: Sollen wir es wirklich (noch mal) wagen, uns beruflich zu verändern? Und wenn ja, wie?

Vielleicht hilft es Ihnen, zu erfahren, dass Sie im Prinzip nur vier Entscheidungsmöglichkeiten haben, die in der Psychologie als *Resilienzformel* bekannt sind. Diese vier Möglichkeiten lauten:

Sie bleiben in Ihrem Job.
Sie verlassen Ihren Job.

Sie bleiben in Ihrem Job und ändern das, was Sie ändern können.

Sie bleiben in Ihrem Job und tun Dinge, die Ihre Situation noch schlimmer machen.

Lassen Sie uns die einzelnen Optionen kurz durchgehen. Wenn Sie sich dazu entschließen, zu bleiben, dann basiert das auf einer freien Entscheidung *für* den eigenen Beruf und kann unter Umständen ebenso befreiend sein wie eine Kündigung. Allerdings müssen Sie aufpassen, dass Sie nicht unabsichtlich von Option eins zu Option vier rutschen – wir kommen gleich dazu.

Wenn Sie Ihren Job verlassen, kann das, wie gesagt, sehr erleichternd sein. Aber Sie müssen sich natürlich auch mit eventuellen Schwierigkeiten auseinandersetzen. Es könnte einige Zeit in Anspruch nehmen, bis Sie etwas Neues gefunden haben; eine Jobsuche ist meistens mit Absagen, das heißt Ablehnungen, Enttäuschung und Frustration, verknüpft. Vielleicht müssen Sie eine Zeit lang dazu bereit sein, ein Dasein auf Sparflamme zu führen und von Ihren Ersparnissen zu leben.

Möglichkeit drei kann sich sehr produktiv auf die Situation an Ihrem Arbeitsplatz auswirken. Wenn Sie sich entscheiden zu bleiben und Dinge zu verändern, die in Ihrer Macht stehen (zum Beispiel könnten Sie versuchen, spannendere Projekte zu bekommen oder öfter »Nein« zu sagen), gestalten Sie aktiv Ihren Alltag, anstatt bloß Ihre Pflichten zu erfüllen. Natürlich birgt es auch die Gefahr, dass Sie sich frustriert fühlen, wenn sich Ihr Aufgabenbereich oder die internen Strukturen nur schwer verändern lassen. Aber wenn Sie sich bewusst dafür entscheiden, können Sie ein höheres Maß an Engagement aufbringen, als wenn Sie halbherzig den ein oder anderen Versuch unternehmen.

Die letzte Option hat bei Ihnen womöglich einige Fragen aufgeworfen: Sie bleiben in Ihrem Job und tun Dinge, die Ihre Situation noch schlimmer machen. Überrascht es Sie, dass das die Variante ist, die wir alle unbewusst am häufigsten wählen? Es ist uns zu mühselig, etwas zu verändern oder zu kündigen, stattdessen beschweren wir uns über unser hartes Schicksal und schimpfen über unseren Chef und die Kollegen. Dadurch wird alles nur noch unerträglicher. Sie fangen nämlich an, die Lichtblicke, die positiven Seiten nicht mehr zu sehen, und verlieren sich in den äußeren Bedingungen Ihres Jobs, anstatt sich auf die Tätigkeit zu konzentrieren, die Ihnen anfangs Spaß gemacht hat. Trotzdem entscheiden wir uns dauernd für Möglichkeit vier.

Vielleicht trägt Ihre Kenntnis über die Resilienzformel in Zukunft dazu bei, dass Sie bemerken, welche Entscheidung Sie unbewusst getroffen haben – und dass Ihnen jederzeit drei weitere Möglichkeiten offen stehen. Fakt ist: Sie können sich gar nicht *nicht* entscheiden! Selbst wenn Sie beschließen, dass Sie alles so belassen, wie es ist, ist das eine Entscheidung – und auch diese hat für Sie unabsehbare Folgen. Das Berufsleben ist und bleibt spannend, denn letztendlich wissen Sie nie, wie sich Ihr Arbeitsumfeld auch ganz ohne Ihr Zutun verändert oder was sich hinter den Optionen verbirgt, die Sie wählen können. Sich aktiv für etwas zu entscheiden gleicht der Teilnahme an einer Gameshow. Kennen Sie noch die Fernsehsendung *Geh aufs Ganze!*? Der Moderator bot den Kandidaten drei verschiedene Spieltore an, hinter denen sich verschiedene Gewinne verbargen, Umschläge mit Geld oder ein Trostpreis, der Zonk. Auf ähnliche Weise finden Sie heraus, was Ihnen Ihre beruflichen Entscheidungen bescheren: *Tor zwei, bitte auf!*

Es ist ein Risiko. Aber wie gesagt, das trifft auch auf Option eins zu, in der Sie bleiben, wo Sie sind. Alles verändert sich, und Sie wissen nie haargenau, was auf Sie zukommt. Wählen Sie also intuitiv, wie die Kandidaten bei *Geh aufs Ganze!*. Trauen Sie Ihrem Gefühl, und seien Sie mutig. Wenn sich eh alles im Wandel befindet, können Sie diesen Wandel auch guten Gewissens selbst herbeiführen.

Ich möchte nochmals betonen: Keine der vier Möglichkeiten ist die Glücksoption, hinter keiner der vier Entscheidungen verbirgt sich genau das, was Sie suchen. Sie werden sich nicht dauerhaft gut fühlen, egal was Sie tun. Es geht darum, dass Sie aktiv werden, anstatt in Passivität zu versinken, es geht darum, sich auszuprobieren und den Spaß am Arbeiten (neu) zu entdecken.

Wagen Sie eine neue Karriere, setzen Sie sich Ziele. Aber tun Sie das, schon allein um des Tuns willen. Sonst werden Sie, wie Hannes im obigen Beispiel, ewig auf der Suche sein nach diesem einen perfekten Arbeitsplatz, der endlich Ihrer Glücksvorstellung entspricht und das großartige Gefühl in Ihnen auslöst, von dem Sie selbst nicht genau wissen, wie es sich eigentlich anfühlt.

## Und was soll ich tun?

Wenn Sie sich für Möglichkeit zwei entschieden haben und sich unabhängig von der Hoffnung auf das Glück beruflich verändern möchten, bleibt noch die Frage, wie Sie das bewerkstelligen können. Eben habe ich erwähnt, dass es sicher Jobs gibt, die Ihnen grundsätzlich mehr Spaß machen und die besser zu Ihnen passen als andere. Doch wie finden Sie die? Lassen Sie uns dazu einige Überlegungen anstellen.

Was bedeutet »Spaß« im Beruf? Bestimmt ist Ihnen schon

der psychologische Begriff *Flow* begegnet, der so viel wie *Fließen* bedeutet. Damit ist ein Zustand gemeint, in dem wir vollkommen in einer Tätigkeit aufgehen, uns dabei selbst vergessen, verbunden mit einem fast berauschend guten Gefühl. Achtung: Flow bedeutet nicht, dass dieses Gefühl anhält und dauerhaft irgendwelche positiven Auswirkungen hat. Es ist ein Erleben, das »nur« stattfindet, wenn Sie sich komplett in Ihr Tun vertiefen, danach tauchen Sie gewissermaßen wieder auf.

Der psychologische Mechanismus des Flows lässt sich mit beruflichen Tätigkeiten verbinden, und ebendiese werden es sein, die Ihnen mehr Freude bereiten. Beobachten Sie sich also im Alltag und finden Sie heraus, welche Aktivitäten Ihnen mit Leichtigkeit von der Hand gehen. Oder probieren Sie etwas Neues aus, von dem Sie vermuten, dass es Ihnen liegt.

In der Psychotherapie und Psychologischen Beratung gibt es zum Finden dieser Aktivitäten die »Liste angenehmer Tätigkeiten«. Sie können sie im Anhang dieses Buchs finden und sich von ihr inspirieren lassen. Es sind mit Sicherheit Vorschläge dabei, die Ihnen lange nicht in den Sinn gekommen sind (wie wäre es zum Beispiel damit, ins Grüne zu fahren, Antiquitäten zu restaurieren, eine philosophische Diskussion zu führen oder nackt herumzulaufen?).

Doch wie könnten Sie etwas aus dieser Liste mit Ihrem beruflichen Alltag verbinden? Das soll natürlich nicht bedeuten, dass Sie morgen nackt ins Büro marschieren. Es geht darum, neue Potenziale zu entdecken und den Mut aufzubringen, andere Tätigkeiten auszuprobieren. Verstehen Sie mich nicht falsch, ich meine auch nicht, dass Sie jeden Tag acht Stunden lang Flow erzeugen und in einen Rauschzustand geraten sollen. Aber Sie können häufiger die Erfahrung machen, dass die Zeit wie im Flug vergeht und Sie nach Ihrem

Arbeitstag erschöpft, aber lächelnd nach Hause gehen. Die Betonung liegt auf *häufiger*, nicht *immer*.

Wichtig ist noch Folgendes: Lassen Sie bei der Erforschung Ihrer beruflichen Potenziale bewusst den Prestigefaktor außer Acht. Gehen Sie nur danach, was Ihnen Spaß machen könnte. Vielleicht hilft es Ihnen, wenn Sie dafür wieder eine kindliche Perspektive einnehmen und sich fragen, welche Berufswünsche Sie damals hatten. Könnte an ihnen noch etwas dran sein?

In einem Bekleidungsgeschäft hörte ich mal ein kleines Mädchen ganz bewundernd seine Mutter fragen, wie die Verkäuferin es schafft, die Sicherheitsmarken von der Kleidung zu lösen. Die Mutter erklärte es ihr, und das Kind sagte danach ehrfürchtig, dass es unbedingt auch einmal Verkäuferin werden möchte, wenn es dann den ganzen Tag lang die Sicherungen entfernen darf. Wir haben uns dieses einfache Denken abtrainiert. Doch das heißt nicht, dass wir es verlernt haben.

## Ich bin unfähig, den richtigen Job zu finden

Kennen Sie diese Menschen, die sagen: »Meine Arbeit ist für mich nicht nur Beruf, sondern auch Berufung!« Und Sie lauschen diesen Worten mit offenem Mund und denken: Na toll, und ich räume im Drogeriemarkt die Tampons ein.

Sie fühlen sich minderwertig, weil Sie anscheinend zu nichts berufen sind oder es zumindest nicht merken. Sosehr Sie sich anstrengen, Sie wissen einfach nicht, was Sie arbeiten möchten, und auch der letzte Abschnitt hat Sie nicht weitergebracht – Sie können mit dem Flow so viel anfangen wie ein Barsch mit einem Strauß Rosen. Das ist alles andere als schlimm. Diese Beruf-gleich-Berufungssache ist neben Erfolg und Anerkennung nämlich eine weitere Möglichkeit, sich durch unseren Job auf einem Irrweg zum Glück zu befinden. Ich möchte Sie daher beruhigen: Es gibt nicht Menschen, die zu irgendetwas berufen sind, und andere, die leider Pech gehabt haben.

Hören Sie jemanden diesen bedeutungsschweren Satz über die Berufung sagen, so ist das lediglich eine Momentaufnahme. Und die muss Sie nicht dazu verleiten, zu kündigen und sich ins Job-Hopping zu stürzen und eine Tätigkeit nach der anderen auszuprobieren, bloß weil Ihre Berufung dabei sein könnte. Wenn Sie in keiner Tätigkeit »versinken« und nicht im Flow sind, dann sind Sie es eben nicht. Wenn Sie nicht wissen, was Sie gerne beruflich tun würden, dann wissen Sie es im Augenblick nicht. Viele Leute *glauben,* es zu wissen, und sind dann furchtbar enttäuscht, wenn sie die entsprechende Ausbildung oder den Job beginnen. Andere Leute *wissen* es und müssen irgendwann feststellen, dass sich ihre Interessen oder die Arbeitsanforderungen geändert haben und sie etwas anderes ausprobieren möchten. Oder ihnen ist klar, dass sie gerade in einer zähen beruflichen Phase stecken, in der ihr Job ihnen eher vorkommt wie ein Hindernisparcours. Sie befinden sich mit ihrem Nicht-Wissen einfach an einem anderen Punkt, der nicht besser oder schlechter ist als andere Momente. Die Unzufriedenheit resultiert lediglich daraus, dass sie genau das glauben. Vielleicht sind sie sogar der Meinung, sie hätten im Leben versagt, wenn sie nicht diesen sinnstiftenden, unglaublich wichtigen Job finden, der sie mit Zufriedenheit erfüllt.

Ich teile diese Meinung nicht. Arbeit darf auch schlicht nur Arbeit sein, ohne Berufungs- oder Flowgefühle. Ich selbst habe schon Jobs gemacht, die beinhalteten, kniend den

Boden in einer Currywurstbude zu schrubben, und es wird Sie überraschen, aber ich kann nicht sagen, dass ich heute mehr positive Gefühle habe, bloß weil ich als Psychologin und Autorin arbeite.

Wundern Sie sich jetzt, warum ich meine Karrierepläne dann überhaupt geändert habe? Der Grund ist, dass ich es einfach tun wollte. Und wenn Sie den Wunsch nach Veränderung verspüren, können Sie ihm genauso nachgehen. Aber glauben Sie nicht, dass andere etwas haben, was Sie nicht haben, bloß weil sie Ihrer Ansicht nach eine erstrebenswertere Karriere hinlegen. Räumen Sie die Regale im Drogeriemarkt ein, und wenn Sie Lust bekommen, sich an einer Schauspielschule zu bewerben, dann tun Sie das. Wenn nicht, dann nicht. Erlauben Sie sich den wahren Luxus, benutzen Sie den Inhalt Ihrer Arbeit nicht als Mittel zum Zweck und meißeln Sie ihn nicht als Garant für Ihr Glück in Stein. Ansonsten werden Sie sich weiterhin als unfähig erleben, was Ihre Jobsuche betrifft – weil es so etwas wie den richtigen Beruf einfach nicht gibt.

## Wie Sie den Irrweg verlassen

 ÜBUNG 1

### Pssst!

Um sich bei der Berufswahl frei vom Wunsch nach sozialer Anerkennung zu machen, hilft es, sich darüber klar zu werden, dass Sie sich unbewusst tatsächlich von ihm leiten lassen. Probieren Sie es mit folgender Übung: Sehen

Sie mal vom finanziellen Gesichtspunkt ab und stellen Sie sich vor, Sie dürften niemandem erzählen, welchen Beruf Sie ausüben oder was Sie studieren beziehungsweise studiert haben. Wirklich *keiner* dürfte es erfahren.

Würden Sie trotzdem das Gleiche tun? Hätten Sie dieselbe Ausbildung gemacht? Hätten Sie denselben Studiengang gewählt? Oder überhaupt einen? Wie fühlt es sich an, dass keiner erfahren dürfte, was Sie tagtäglich machen? Was würden Sie tun, wenn Sie für immer so »unbeobachtet« wären?

 ÜBUNG 2

## Auf der Suche nach dem Flow

Schreiben Sie eine Liste mit Aktivitäten, denen Sie gerne nachgehen. Es müssen keine Hobbys sein, es kann sich auch um Alltäglichkeiten wie Essen oder Im-Internet-surfen handeln. Halten Sie mindestens zehn Dinge fest (falls es Ihnen an Ideen mangelt, werfen Sie einen Blick in die »Liste angenehmer Tätigkeiten«).

Gibt es Menschen, die mit einer dieser Tätigkeiten beruflich Fuß gefasst haben? Wenn ja, wie? Welche Schritte müssten Sie unternehmen, um das Gleiche zu tun? Spielen Sie ein paar Szenarien durch – und eventuell möchten Sie sich damit tatsächlich auf berufliches Neuland wagen.

 ÜBUNG 3

## Absichtslos sein

Viel zu oft sind wir mit Dingen beschäftigt, die für uns erfolgsversprechend sind oder mit denen wir ein Ziel verbinden. Unsere Arbeit und unser Tun brauchen einen Zweck. Selbst wenn wir fernsehen, möchten wir uns gut unterhalten, abschalten, entspannen. Suchen Sie sich für diese Übung eine Tätigkeit, die absolut sinnlos ist. Kommen Sie aus Ihren »Ich muss das heute noch erledigen«-Gedanken heraus und erleben Sie sich außerhalb des Hamsterrads Ihres beruflichen Schaffens. Spielen Sie zum Beispiel Ihren Lieblingssong und tanzen Sie dazu. Ganz wie es Ihnen passt und nicht, wie man Ihrer Vorstellung nach besonders gut tanzt. Das können Sie wunderbar nach der Arbeit tun. Oder lernen Sie ein Gedicht auswendig. Nicht, damit Sie es beim nächsten Abendessen mit Freunden zum Besten geben können, sondern nur so. Sie können die Tätigkeit auch noch einfacher gestalten, zum Beispiel Ihre Hände zu Fäusten ballen, dann loslassen und lediglich den Unterschied bemerken. Oder balancieren Sie einen umgedrehten Frisbee auf Ihrem Kopf – Ihrer Fantasie sind keine Grenzen gesetzt! Machen Sie also etwas Sinnloses, und tun Sie das vor allem, wenn Sie merken, dass Sie in Gedanken »auf beruflichen Glückskurs« gehen.

# KAPITEL 3

## Irrwege zum Glück

### Platz 3: Partnerschaft und Familie

*Du kannst deine Augen schließen, wenn du etwas nicht
sehen willst, aber du kannst nicht dein Herz verschließen,
wenn du etwas nicht fühlen willst.*
JOHNNY DEPP

*Er erhob sich, ging zu ihr und legte ihr die Hand auf die Schulter.
»Ich möchte nicht den Rest meines Lebens nur davon träumen,
was hätte sein können. Bleib bei mir, Allie.«*

*Tränen verschleierten ihre Augen. »Ich weiß nicht, ob ich das
kann«, flüsterte sie.*

*»Doch, du kannst. Allie ... ich werde mein Lebtag nicht glück-
lich sein können, wenn ich weiß, dass du bei einem anderen bist.
Etwas in mir würde sterben. Was uns verbindet, ist etwas ganz
Seltenes, etwas viel zu Wertvolles, um einfach weggeworfen zu
werden.«*

*Sie gab keine Antwort. Nach einer Weile drehte er sie sanft zu
sich herum, hob ihr Kinn ein wenig, zwang sie, ihn anzuschauen.
Sie blickte ihn mit feuchten Augen an. Nach langem Schweigen wischte er ihr mit einer zärtlichen Geste die Tränen von den
Wangen. Er verstand, was ihm ihre Augen sagen wollten.*

*»Du wirst also nicht bleiben?« Er lächelte matt. »Du möch-
test, aber du kannst nicht.«*

*»Oh, Noah ...«, flüsterte sie, und wieder füllten sich ihre
Augen mit Tränen. »Bitte, versuch mich zu verstehen ...« »Ich*

*weiß, was du sagen willst – es steht in deinen Augen geschrieben. Aber ich will es nicht verstehen, Allie. Ich will nicht, dass unsere Geschichte so endet. Ich will überhaupt nicht, dass sie endet. Aber wenn du jetzt gehst, dann ist das ein Abschied für immer, das wissen wir beide.« Heftig schluchzend legte sie die Stirn auf seine Schulter. Noah schlang die Arme um sie und musste gegen seine eigenen Tränen ankämpfen.*

*»Allie, wenn du wirklich gehen willst, dann geh. Ich liebe dich zu sehr, um dich zurückzuhalten. Doch egal, was das Leben noch bringt – ich werde diese letzten Tage mit dir niemals vergessen. Jahrelang habe ich davon geträumt.«*

*Er küsste sie zärtlich, und sie umarmten sich wie vor drei Tagen bei ihrer ersten Begrüßung. Schließlich löste sich Allie aus seinen Armen und wischte sich die Tränen fort. »Ich muss meine Sachen holen, Noah.«*

*Er ging nicht mit, sondern ließ sich niedergeschlagen in seinen Schaukelstuhl sinken. Er sah sie ins Haus verschwinden, hörte ihre Schritte. Minuten später kam sie mit ihrer Handtasche zurück und trat mit gesenktem Kopf zu ihm ...*

*Langsam und ohne ein Wort gingen sie zu ihrem Wagen. Dort nahm er sie wieder in die Arme, bis er spürte, dass auch ihm die Tränen in die Augen stiegen. Er küsste ihre Lippen, ihre Wangen und wischte dann zart mit dem Finger über die feuchten Stellen.*

*»Ich liebe dich, Allie.«*

*»Ich liebe dich auch.«*

Dass wir unsere Partnerschaft als Weg zum Glück betrachten, wird uns vor allem bewusst, wenn wir verlassen werden. Wie sollen wir nur ohne den anderen wieder glücklich werden? Wir fühlen uns, als würde unser Leben auf wundersame Weise vollkommen sein, wenn wir bloß wieder zu zweit wären, wenn die Dinge so wären, wie sie waren. Dabei vergessen wir häufig, dass wir keineswegs immer glücklich waren, als wir noch in unserer Beziehung steckten. Die obige Passage stammt aus einem Roman von Nicholas Sparks, dessen Liebesromane allesamt auf der *New-York-Times*-Bestsellerliste standen und weltweit über 100 Millionen Mal verkauft wurden. Fast alle seine Bücher wurden für die Kinoleinwand verfilmt, Millionen von Menschen haben sich die Filme angeschaut, was wiederum Millionen eingespielt hat (Sie brauchen jetzt nicht vor Neid zu erblassen. Falls Sie das letzte Kapitel noch im Kopf haben, wissen Sie, dass dieser enorme Erfolg den Mann nicht dauerhaft glücklich macht.) Die Chancen stehen also gut, dass Sie bereits einen Roman dieses US-amerikanischen Schriftstellers gelesen oder eine seiner Verfilmungen gesehen haben. Falls nicht, lassen Sie es mich so zusammenfassen: In seinen Geschichten geht es um die eine Liebe, die uns glücklich machen kann, und den Schmerz, der entsteht, weil dieses Glück uns durch etwas verwehrt wird. Sei es durch Krankheit, Tod, Krieg oder sonstige Schicksalsschläge.

Einerseits können wir aus diesen Geschichten lernen, dass wir es leider nie schaffen, durch unseren Partner glücklich zu werden, andererseits vermitteln sie den Eindruck, dass es theoretisch eben möglich *wäre*.

Das ist die Tragik und das Dilemma von Liebesgeschichten: Wir können durch den anderen glücklich werden, aber irgendetwas steht diesem Glück im Weg. Sehr viele Menschen sind nahezu süchtig nach solchen Geschichten (wie sollte man sonst den dauerhaften Erfolg von Liebesromanen erklären?), weil durch sie die Illusion aufrechterhalten werden kann, dass das Glück in einem anderen Menschen zu finden sei.

Doch nicht jede Liebesgeschichte ist tragisch. Die andere

Art dieser Erzählungen charakterisiert sich dadurch, dass sie sich in einem Happy End auflösen. Sie kennen den Satz nur zu gut: »Und sie lebten glücklich und zufrieden bis an das Ende ihrer Tage.«

Auch hier gibt es das Glück, und wir können es durch das Zusammensein mit dem anderen erreichen.

Lassen Sie uns diese beliebten Geschichten über die Liebe und das Glück mal mit der Realität vergleichen, und das anhand der wohl größten Liebesgeschichte aller Zeiten: *Romeo und Julia*.

In der Schlussszene denkt Romeo, seine Julia läge tot vor ihm, daraufhin schluckt er das tödliche Gift. Als Julia aus ihrem scheintoten Zustand erwacht, sieht sie den leblosen Romeo neben sich und ersticht sich mit seinem Dolch, um sich mit ihm zu vereinen und so dem Leiden zu entgehen, dass sie sich aufgrund eines Lebens ohne ihn ausmalt.

Und jetzt stellen Sie sich vor, die beiden hätten sich einfach so kennengelernt und es gäbe nicht dieses Hindernis der Familienfehde, das ihrem Glück im Weg steht. Entweder hätten sich die zwei gar nicht erst füreinander interessiert, weil der Reiz, durch eine Liaison etwas Verbotenes zu tun, fehlte. Oder sie hätten geheiratet, zusammengelebt, wahrscheinlich ein paar Kinder gezeugt und die meisten Tage ihres Lebens Seite an Seite verbracht. Ich kenne mich mit den typischen Paarproblemen zur Zeit Shakespeares nicht aus, aber wenn wir vom Jahr 2017 ausgehen, hätten die beiden vielleicht immer wieder Zoff, weil Romeo sich schrecklich gehen lässt und Julia mehr mit ihm unternehmen möchte. Oder der Alltag hätte Julias Unternehmungslust verdrängt, und das größte Liebespaar aller Zeiten sitzt nur noch vor dem Fernseher und isst Junkfood. Bestimmt hätte das Paar auch eine nicht enden wollende Sexflaute nach der Geburt der Kinder erlebt. Ebenso möglich: Julia hätte auf Facebook einen anderen Mann kennengelernt und sich scheiden lassen. Der Streit ums Sorgerecht wäre losgegangen. Denkbar auch: Die beiden wären zusammengeblieben, hätten sich aber zunehmend auseinandergelebt und müssten in einer Paartherapie versuchen, sich ihre fehlende Nähe einzugestehen.

Es gäbe viele Alternativszenarien für eine realistische Schlussversion von *Romeo und Julia* – aber was ich eigentlich sagen will: Hören Sie auf zu glauben, Sie könnten Ihr Glück in einem anderen Menschen finden. Das stimmt nicht. Durchschauen Sie all die Geschichten über das ewige oder verhinderte Liebesglück, die nicht Shakespeare oder Nicholas Sparks, sondern vorrangig Sie selbst sich erzählen. Sie wären nicht endlich glücklich, wenn Sie den passenden Partner finden würden oder einen anderen hätten oder ihr Expartner zu Ihnen zurückkäme.

Ich weiß, das klingt etwas hart und vor allem furchtbar unromantisch. Im nächsten Abschnitt werde ich jedoch darauf eingehen, warum nur unter der Prämisse, dass mein Partner mich nicht glücklich machen kann, das Wertschätzen einer Beziehung über die Zeit möglich ist.


## Bis dass der Alltag uns scheidet

Der Grund, warum wir die Liebe oft mit dem Glück gleichsetzen, ist, dass sich Verliebtsein so fabelhaft anfühlt. Eine neue Liebe kommt unserer Vorstellung vom Glück tatsächlich ziemlich nahe. Aber dieses schwerelose Befinden entsteht nun einmal nicht durch die Existenz des Glücks, die sich uns durch unseren Partner offenbart, sondern durch einen *vorübergehenden* Zustand unseres Hormonhaushalts.

Der Körper wird mit Dopamin, das für die Hochstimmung ähnlich wie bei einem Drogenrausch sorgt, überschwemmt. Gleichzeitig sinkt unser Serotoninspiegel, genau wie bei Menschen mit einer Zwangserkrankung – auch Verliebte denken schließlich »zwanghaft« an ihren Liebsten. Außerdem sind die Hormone Adrenalin und Cortisol am Werk; wir sind im positiven Stress, sind aktiv und zu allem bereit. Verliebtsein ist ein grandioser Ausnahmezustand. Warum, verdammt noch mal, löst unser Partner nicht für immer diese Glücksgefühle in uns aus?

Ich kann Ihnen sagen: Gott sei Dank! Unser Körper wäre ganz schnell überfordert. Auch positiver Stress ist Stress, und dieser chronische Aktivierungszustand kann, Studien zufolge, zu Kopfschmerzen, Konzentrationsproblemen, Verdauungsschwierigkeiten, Rastlosigkeit, Herz-Kreislauf-Erkrankungen, Immunsystemstörungen, Schlaflosigkeit, Appetitlosigkeit und sogar zu Erektionsschwierigkeiten führen. Seien Sie also froh, dass Ihre Verliebtheit vergeht, sonst könnten Sie Ihrer Liebe vielleicht bald keinen körperlichen Ausdruck mehr verleihen. Unser physisches Gleichgewicht braucht Ruhe, es braucht den Alltag und die Gewohnheit, um sich zu regenerieren.

Das Problem ist: Wir wissen, wie gut sich die Anfangszeit einer Liebe anfühlt, und wir vergleichen unser aktuelles Befinden in Bezug auf unseren Partner häufig mit diesem Erleben. Haben Sie den Satz »Am Anfang war das ganz anders zwischen uns« auch schon so oft gehört wie ich oder selbst gedacht? Aber genauso wenig wie Ihr Partner etwas für Ihr anfängliches Hormonfestival konnte, kann er jetzt etwas dafür, dass jede Beziehung Tiefen hat und mal nicht so gut läuft. Doch damit wollen wir uns nicht abfinden, jedenfalls nicht, solange wir dem Glauben verfallen sind, dass es das

Glück gibt. Wir haben bloß noch nicht den richtigen Partner gefunden.

Soziologisch gesprochen, ist unser heutiges Partnerschaftsmodell deshalb mittlerweile die serielle Monogamie, eine Verbindung zu einem Menschen für eine gewisse Zeit, während der man sich (theoretisch) nicht betrügt. Diese Beziehungsform spiegelt unser Bemühen, dauerhaft glücklich sein zu wollen, wider: Sobald sich unsere Verliebtheit verflüchtigt hat, Konflikte auftauchen, die sich nicht oder nur durch nervenzehrende Auseinandersetzungen lösen lassen, kurzum unser Zusammensein schwierig wird, gehen wir zum nächsten Partner über – in der Hoffnung, dass das positive Gefühl dieses Mal bleibt. Paare, die sich noch vor dem Traualtar versprachen, sich in guten wie in schlechten Zeiten zu lieben und zu ehren, sitzen bald (im Durchschnitt nach fünfzehn Jahren) vor den Scheidungspapieren – das betrifft etwa jede dritte Ehe. Konnte ja keiner ahnen, dass sich die schlechten Zeiten wirklich so unangenehm anfühlen würden. Natürlich ist es ein großartiger Fortschritt, dass wir uns scheiden lassen können und nicht mehr aus ökonomischen oder religiösen Gründen dazu gezwungen sind, verheiratet zu bleiben. Es ist nur schade, dass wir es nicht schaffen, uns aus freien Stücken dazu zu entschließen.

Paradoxerweise kann die Erkenntnis, dass kein Partner uns dauerhaft glücklich macht und in jedem Zusammenleben die »schlechten Zeiten« kommen werden, uns dabei helfen, eine stabile Beziehung zu entwickeln. Wenn wir nicht mehr verlangen, dass der Partner uns im wahrsten Sinn glücklich macht, entbinden wir ihn endlich von dieser unlösbaren Aufgabe. Überlegen Sie mal: Was sollte Ihr Partner Ihrer Meinung nach tun, um Sie glücklich zu machen? Legen Sie bitte mindestens drei Dinge fest, die zu Ihrem Glück beitragen würden. Wenn Sie gerade keinen Partner haben, überlegen Sie, womit ein potenzieller neuer Partner Sie glücklich machen könnte. Notieren Sie sich Ihre Antworten schriftlich, oder behalten Sie sie für einen Moment im Gedächtnis.

Sind Sie so weit?

Vielleicht steht auf Ihrer Liste, Ihr Partner sollte: häufiger sagen, dass er Sie liebt, den Kontakt zum Expartner abbrechen, Ihnen mehr Freiraum lassen, weniger arbeiten, mehr Geld verdienen, öfter Sex wollen, sich mehr Zeit für Sie nehmen, Ihnen besser zuhören, mal wieder Blumen mitbringen, lockerer sein, ein Abendessen kochen, mit Ihnen verreisen, Sie seinen Eltern vorstellen, Sie überraschen, spontaner sein, Ihnen Komplimente machen und Anerkennung entgegenbringen, aktiver sein, passiver sein, zum Therapeuten gehen, sich mehr im Haushalt einbringen – es gibt unzählige Möglichkeiten. Verdeutlichen Sie sich jetzt Folgendes: Selbst wenn Ihr Partner all diese Anforderungen erfüllt (keine Ahnung wie er das anstellt, einiges ist ja wirklich ziemlich diffus, oder?), wird das nicht automatisch ein Glücksgefühl in Ihnen auslösen. Ich weiß, dass Sie sich das so vorstellen. Aber Sie wissen nicht, wie Sie sich wirklich fühlen, wenn Ihr Freund oder Ihre Freundin Sie tatsächlich zum gemeinsamen Essen mit den Eltern mitnimmt oder anfängt, Sie abends noch spontan auszuführen. Und jetzt stellen Sie sich Ihren Partner vor, der versucht, Ihnen alles recht zu machen – und dabei kläglich scheitern muss. Können Sie sich ausmalen, was das mit Ihrer Beziehung macht? Eine Partnerschaft, in der beide den anderen als Glücksbringer benutzen wollen, ist anstrengend und zermürbend. Wenn Sie Ihre Beziehung hingegen nicht mehr mit dem Ziel führen, durch sie glücklich zu werden, kann sie (und auch Ihr Partner) nicht mehr an dieser hohen Erwartung zerbrechen. Sie wird beweglicher und kann sich

Ihrem Leben, den Höhen und Tiefen, anpassen. Wir erleichtern unser Liebesleben, unsere Beziehung darf jetzt endlich sein, was auch immer sie ist, und wird nicht mehr mit der Glücksschablone verglichen (die, wie Sie sich erinnern, nur eine Vorstellung ist, der nichts und niemand in der Realität jemals entsprechen wird). Im Eingeständnis, dass wir auch ohne den anderen komplett sind, wird Liebe zur Bereicherung und dient nicht mehr als Mittel zum Glückszweck.

### Gehen oder bleiben? Klappe, die zweite!

Ähnlich wie bei beruflichen Entscheidungen gilt auch in der Partnerschaft: Nicht durch den anderen glücklich zu werden ist nicht das Gleiche, wie durch den anderen unglücklich zu werden.

Wenn Ihr Partner Sie leiden lässt, Sie sich durch die Beziehung belastet fühlen, Sie beide nicht an einem Strang ziehen und Sie spüren, dass es Ihnen ohne den anderen besser geht, dann gehen Sie Ihren eigenen Weg. Auch dadurch kann sich die Beziehung noch einmal verändern, und es können sich neue Perspektiven ergeben – oder eben nicht.

In jedem Fall harren Sie nicht aus, wenn Ihre Intuition Ihnen davon abrät. Das Gleiche gilt natürlich, wenn Sie sich in der Beziehung zwar ganz in Ordnung fühlen, aber Lust auf etwas Neues haben. Niemand will Sie zu einer langfristigen Partnerschaft oder sogar einer Ehe zwingen, Sie können sich in dem Bewusstsein, dass kein Hochgefühl von Dauer ist, stets neu verlieben, es genießen oder von vornherein Single bleiben. Ich garantiere Ihnen, dass Sie das große Glück dadurch nicht verpassen.

Schließlich stellt sich die Frage: Wenn Partnerschaft per se ein Irrweg zum Glück ist, wozu dann überhaupt eine Bindung eingehen? Wie schon gesagt, das Glück werden Sie in einer Beziehung nicht finden. Aber neben den anfänglichen Hochgefühlen gibt es auch weitere angenehme Seiten einer langfristigen Partnerschaft: Vertrautheit, Nähe, Geborgenheit, Zugehörigkeitsgefühl, Sicherheit, Rückhalt, Loyalität und Liebe sind einige von ihnen.

Ich möchte Ihnen an dieser Stelle wieder ein Geständnis machen. Mein Mann war ziemlich überrascht und etwas verärgert, als ich ihm vom Thema dieses Kapitels erzählt habe. Dass ich der Meinung bin, dass er mich nicht glücklich machen kann, passte ihm ganz und gar nicht. Er hat sich etwas gewundert, warum ich ihn dann geheiratet habe. Die eben genannten Werte verdeutlichen jedoch, dass es sehr wohl wunderschöne Empfindungen und Bereicherungen gibt, die man durch das Zusammensein mit einem anderen Menschen erleben kann. Und diese sind weitaus realer und beständiger als eine diffuse Glücksvorstellung.

Geben Sie dieser neuen »glücklosen« Art, Ihre Beziehung zu betrachten, eine Chance, und schauen Sie, wie sie sich dadurch verändert. Vielleicht können Sie zunehmend Beziehungsqualitäten entdecken oder entwickeln, die für Sie greifbar sind und die Ihnen als Unterstützung dienen, wenn Ihre Liebe auf die Probe gestellt wird.

## Glückskinder?

Es ist ja nicht nur der Partner, durch den wir uns das Glück erhoffen, es ist auch das, was wir uns durch ihn versprechen: eine glückliche Familie.

Dass Kinder der Schlüssel zum Glück sind, daran gibt

es für viele Menschen keinen Zweifel. Man kann es sich so schön ausmalen: ein kleines Wesen, dass zur Hälfte der Mutter, zur Hälfte dem Vater ähnlich sieht; das unbeschwerte Kinderlachen; die Lebensfreude; der durch das Kind erfüllte Wunsch, etwas auf dieser Erde zu hinterlassen; der Elternstolz; die familiäre Bindung in einer Welt, die sich oft unsicher anfühlt.

Auch für mich gibt es keinen Zweifel: Kinder zu haben bringt einige großartige Erfahrungen mit sich. Wenn mein Sohn mich morgens anstrahlt, strahle ich zurück. Ich freue mich über den kleinen Wonneproppen, der kuscheln möchte und für den seine Mama der Mittelpunkt seines Lebens ist. Ich beobachte ihn gerne, wenn er die Welt entdeckt, sich stundenlang mit dem Begreifen und Belutschen eines Schneebesens beschäftigt, abends zufrieden ins Bett fällt und noch in seinen Träumen lächelt. Aber ich weiß auch, dass dieses niedliche Geschöpf in einigen Jahren die Tür zu seinem Zimmer abschließt, vulgäre Rap-Musik hört, raucht, kifft, trinkt und nicht mehr auf meine Fragen antwortet. Sie können sich vorstellen, wie es dann um mein Mutterglück steht.

Nichts ist von Dauer, auch nicht die Magie der Kinderjahre. Und wenn man zu sehr an dieser Zeit hängt, werden Pubertät und Abnabelung wohl noch schlimmer zu ertragen sein. Für Eltern *und* Kinder. Elternschaft ist eine Aufgabe, eine Verantwortung, die angenehme und unangenehme Seiten hat, kein Schlüssel zum Glück. Studien belegen sogar das Gegenteil.

Das Max-Planck-Institut fand in Zusammenarbeit mit der University of Western Ontario heraus, dass die Lebenszufriedenheit sich nach der Geburt eines Kindes verschlechtert – und zwar drastischer als nach einer Scheidung oder sogar nach dem Tod des Partners. Stellen Sie sich das mal vor! Nur bei etwa dreißig Prozent der Befragten blieb das

Befinden nach der Geburt ähnlich wie in der kinderlosen Zeit. Das klingt deprimierend? Nun, es könnte damit zusammenhängen, dass wir uns durch die Geburt des Kindes das große Glück versprechen. Indem Sie sich das erhoffen, ist die Enttäuschung umso größer, wenn es sich dann nicht wie vorgestellt anfühlt. Aber das kann es auch nicht. Das Bild einer glücklichen Familie entspricht niemals der Realität. Sie können sich vor dieser Enttäuschung bewahren, indem Sie sich immer wieder klarmachen, dass Sie durch Ihre Familie im besten Fall viele positive Erlebnisse und Gefühle haben werden, aber dass sich keines davon wie Ihr erträumtes Glück anfühlen wird. Wenn Sie genauer darüber nachdenken, ist das ziemlich wunderbar. Sie können ganz offen für alle Empfindungen sein, die sich rund um Ihre Familie ergeben, ohne das Gefühl zu haben, dass etwas nicht stimmt. Dass etwas nicht so ist, wie es sein sollte.

## Mutter sein

Sie erinnern sich bestimmt an die Debatte um das Phänomen »Regretting Motherhood« (zu Deutsch etwa: »Wenn Mütter bereuen«). Die Ergebnisse der 2015 veröffentlichten Studie der israelischen Soziologin Orna Donath zeigen, dass tatsächlich viele Frauen glauben, Mutterschaft sei ein Weg zum Glück. Eine der Studienteilnehmerinnen zum Beispiel wollte unbedingt Mutter werden. Doch als das Kind da war, dachte sie: Es war ein Fehler. Das bin ich nicht, das passt nicht zu mir … Das, was für die eine Person richtig ist, ist es nicht für eine andere.

Mutterschaft ist eine unumkehrbare Entscheidung. Wenn die erhoffte Glückseligkeit durch die Geburt eines Kindes ausbleibt, entsteht Bedauern, und zwar durch die nicht widerlegbare Überzeugung, das Leben ohne Kind hätte dauerhaft glücklicher gemacht. Aber auch das stimmt natürlich ebenso wenig. Wenn Sie an die Existenz des großen Glücks glauben und ihm hinterherjagen, verschlechtern Sie Ihre Befindlichkeit. Ihre Lebenszufriedenheit sinkt, weil Sie denken: Na toll, ich hatte angenommen, das ist ganz anders. Aber anders als was? Als ein aus der Luft gegriffener Maßstab, den Sie sich selbst setzen.

Wenn Sie von der Geburt eines Kindes oder der Mutterrolle das Glück erwarten, müssen Sie ebenso enttäuscht werden, wie wenn Sie es in beruflichen Erfolgen, im Partner oder durch die Bewältigung von Problemen suchen. Wenn Ihnen das Muttersein viel Freude macht, ist das schön, wenn es Ihnen viele Sorgen beschert und Angst macht, dann ist das auch okay. Egal wie Ihnen durch Ihre Rolle gerade zumute ist, es wird sich wieder ändern.

Lassen Sie Ihre Vorstellungen nicht Ihre Erfahrungen beeinflussen. Die überzogenen Erwartungen an die Geburt eines Kindes können andernfalls zu einem Faktor werden, der zu einem »postpartalen Stimmungstief« führt, von dem siebzig Prozent der neuen Mütter betroffen sind, vierzehn Prozent der Mütter erleiden sogar eine postpartale Depression.

Vor einiger Zeit betreute ich eine Familie, in der eine alleinerziehende Mutter zwei Kinder großzog. Einmal sagte sie: »Wenn ich gewusst hätte, wie es mit Kindern ist, hätte ich keine bekommen.« Ist das nicht traurig? Da sitzt diese Frau mit ihrer Enttäuschung über das Ausbleiben des großen Glücks, und vor allem hat sie zwei Kinder, die genau das spüren. Sie sind im Grunde eine Enttäuschung für ihre Mutter und merken, dass sie irgendwie anders sein sollten. Nur können sie es gar nicht richtig machen.

Wenn wir versuchen, durch die Familiengründung die absolute Erfüllung zu finden, müssen wir uns darüber im Klaren sein, dass wir unseren Kindern, ja, sogar einem Säugling, die Verantwortung für unser Lebensglück übergeben. Die Konsequenz: ein maßlos überfordertes Kind.

Geben Sie Ihren Kindern die Chance, so sein zu dürfen, wie sie sind, ohne die Bürde tragen zu müssen, Sie glücklich zu machen. Das können sie genauso wenig wie Ihr Partner oder Sie selbst. Die große Enttäuschung nach einer Geburt und beim Großziehen eines Kindes können wir uns und unseren Lieben ersparen, indem wir unsere Vorstellung vom großen Glück durch die Familiengründung aufgeben. Wenn wir das tun, können wir das Elternsein endlich als das annehmen, was es ist: eine aufregende Erfahrung, die sich wie jede andere Erfahrung auch ständig verändert.

## Regretting Fatherhood?

Wie sieht es bei den Vätern aus? Haben sie ebenfalls eine Vorstellung vom Vaterglück und bereuen ihr Elternsein, wenn sich das Glück nicht einstellt?

In einem Artikel der Heinrich-Böll-Stiftung heißt es 2016: »Männer können vor Rollenanforderungen fliehen, Frauen nicht. Männer brauchen ihre Vaterschaft gar nicht zu bereuen, sie können sie nämlich auf ein Minimum begrenzen.«

Vertraut man dieser Aussage, bedeutet das, dass Männer gewissermaßen aus der Nummer wieder rauskommen – sie finden das große Glück nicht, aber können es getrost woanders suchen. Während Frauen in ihrer Mutterrolle und in der Kinderbetreuung feststecken, können Männer sich davonstehlen – und das Vatersein gleicht eher einem Status als einer alltäglichen Aufgabe. Väter müssen ihre Vaterschaft also nicht bereuen, weil sie sie zu einem gewissen Grad wieder »canceln« können.

Eine Erhebung des Statistischen Bundesamts passt zu diesen theoretischen Überlegungen: 2014 war fast ein Viertel aller Mütter, deren jüngstes Kind unter sechs Jahren war, in Elternzeit, während das bei den Vätern nur auf knapp jeden hundertsten zutraf. Väter verbringen also tatsächlich weniger Zeit mit ihren Kindern als Mütter. Entweder sie tun das, weil sie die Zeit mit ihren Kindern als nicht so erfüllend empfinden, wie sie es sich vorgestellt haben, oder sie bleiben schlichtweg dem klassischen Rollenmodell treu. Der Mann geht arbeiten. Die Frau kümmert sich um den Nachwuchs.

Gehen wir näher auf den ersten Grund, den Glücksgrund, ein: Was gewinnen Sie als Vater, wenn Sie das Ihnen vorgeschwebte Bild vom Glück über Bord werfen? Wenn Sie merken, dass die Momente, die Sie mit Ihren Kindern verbringen, nicht nur voller Freude, Erfüllung und guter Stimmung sind, Ihre Kinder Sie nicht im erhofften Maße glücklich machen und Sie sich am liebsten an Ihren Arbeitsplatz verkriechen möchten, dann machen Sie sich bewusst, dass das nicht an Ihnen liegt. Und auch nicht an Ihren Kindern. Es liegt an der Vorstellung, die Sie über das Kinderglück gehegt haben, und der Eigenschaft unserer Stimmungen, sich ständig zu verändern. Brad Pitt, Vater von sechs Kindern, sagte über seine Elternschaft einmal Folgendes: »Nichts hat mir bisher so viel Spaß gemacht – und zugleich ist es der größte Ärger, den ich je erlebt habe.«

Wichtig ist, dass Sie sich klarmachen, dass die Zweischneidigkeit Ihrer Gefühle nicht Ihr Handeln beeinflussen muss. Sie müssen sich nicht davor scheuen, mehr Zeit mit Ihren Kindern zu verbringen, bloß weil Sie genervt sind oder Ihnen stinklangweilig wird, wenn Sie zum zehnten Mal »Es tanzt ein Bi-Ba-Butzemann« singen. Möglicherweise werden Sie es sonst eines Tages bereuen, dass Sie sich aus der Kindererziehung »ausgeklinkt« haben und die Bindung zu Ihrem Kind nicht so stark ist, wie Sie es sich zu einem späteren Zeitpunkt vielleicht wünschen werden. Denn *das* ist dann die unumkehrbare Entscheidung, die Sie als Vater zu tragen haben. Sie können die Zeit nicht zurückspulen.

Fairerweise möchte ich hier natürlich erwähnen, dass es heutzutage viele Paare gibt, bei denen die Rollenverteilung ganz anders vonstattengeht – es gibt Mütter, die eine Sechzig-Stunden-Woche im Büro verbringen, und Väter, die nicht müde werden, sogar fünfzigmal am Tag »Es tanzt ein Bi-Ba-Butzemann« zu singen. Sehen Sie mir diese Vereinfachung von »Vaterrolle« und »Mutterrolle« nach, ich bin dennoch sicher, Sie finden sich in beiden Abschnitten zum Thema Mutterschaft und Vaterschaft wieder. Egal, ob Sie Mann oder Frau sind.


## Solo


Vielleicht sind Sie in einer ganz anderen Lebenssituation und weit weg von Regretting Mother- oder Fatherhood. Doch Sie kennen es nur zu gut, dass einige Menschen von Ihnen annehmen, Sie müssten unglücklich sein, bloß weil Sie keinen Partner und keine Kinder haben. Vielleicht sind es mitleidige Blicke, verständnislose Kommentare (»Haben Sie denn keine Kinder?«) oder die ständigen Versuche, Sie zu verkuppeln. Sie müssen doch schließlich an Ihrer Situation etwas verändern wollen. Mit der Zeit glauben Sie sogar, dass es tatsächlich besser sei, wenn Sie jemanden an Ihrer Seite hätten.

Glücklicher Single? Das klingt doch eher wie eine tröstliche Bezeichnung für jemanden, der gerade Pech in der Liebe hat. Es ist eine merkwürdige gesellschaftliche Konvention, dass wir es im Allgemeinen für nicht erstrebenswert halten, ledig und kinderlos zu bleiben. Wir verfallen der Annahme, dass das nicht freiwillig geschieht – und deswegen bedauern wir Singles, zumindest ab einem gewissen Alter. Viele Menschen haben nämlich die Fantasie, dass Kinder und ein Partner ein glücksbringender Garant fürs Älterwerden sind. Zu einem erfüllten Leben gehörten Nachwuchs und zumindest zeitweise eine »bessere Hälfte«. Doch rund vierzig Prozent aller deutschen Haushalte werden von Einzelpersonen geführt – Single zu sein ist also kein Ausnahmezustand, sondern Normalität. Und wie wir erfahren haben, gibt es hinter vorgehaltener Hand sogar den gegenteiligen Wunsch zum *Happily ever after*: Ich will endlich wieder alleine sein – gerne für immer! Das ist sicher etwas überspitzt formuliert, denn was heißt schon *alleine sein*? Wir alle stecken in familiären, freundschaftlichen oder zumindest gesellschaftlichen Bezügen, die ebenso liebevoll und fürsorglich gestaltet werden können und häufig sogar beständiger sind als Partnerschaften. Nun gibt es diese Untersuchungen, die belegen, dass Ehe und Elternschaft zu mehr Wohlbefinden führen, Verheiratete gesünder sind und eine höhere Lebenserwartung haben. Doch es existiert auch eine interessante Studie, deren Ergebnisse 2013 im *Journal of Happiness Studies* veröffentlicht wurden und die den Beziehungsstatus, das Vorhandensein von Kindern und das Wohlbefinden abhängig von der Wichtigkeit dieser Faktoren in der jeweiligen Gesellschaft untersucht. Es wurden hierbei siebzehn Nationen miteinander verglichen, in denen Ehe und Elternschaft einen unterschiedlichen Stellenwert haben – und tatsächlich hat dieser Stellenwert einen Einfluss auf unsere Zufriedenheit mit unserer Lebenssituation. Verheirateten Eltern geht es also nicht per se prima, weil sie den Traumpartner und Wunschkinder haben, sondern weil sie das Gefühl haben, einen gesellschaftlichen Beitrag zu erfüllen. Zudem haben andere Studien keinen Zusammenhang zwischen Ehe, Elternschaft und Lebenszufriedenheit nachgewiesen – oder sie bestätigten sogar Gegenteiliges. Erinnern Sie sich nur an die eindrücklichen Fakten zum Wohlbefinden junger Eltern nach der Geburt ihres Kindes.

Single zu sein bedeutet also erstens nicht, alleine zu sein. Zweitens ist damit oftmals ein sozialer Druck verbunden, der uns den Singlestatus miesmacht, und drittens sollten wir uns bewusst machen, dass wir als Einzelpersonen *andere* Erfahrungen machen als in einer Beziehung – keine erstrebenswerteren oder bedauernswerteren. Wenn Sie also davon ausgehen, mit Partner und eigener Familie sei Ihr Leben besser, erinnern Sie sich daran, dass es bloß eine *Vorstellung* ist.

## Wie Sie den Irrweg verlassen

 ÜBUNG 1

### Mr/Mrs Right

Manchmal verfallen wir der Annahme, unser Partner trägt die Verantwortung für unser Glück. Bloß warum verhält er sich nicht so, wie wir uns das wünschen, und macht uns glücklich? Wieso herrscht keine Hochstimmung mehr zwischen uns? Weshalb geht es mir nicht gut, obwohl mein Partner bei mir ist?

Immer, wenn Sie an Ihrer Beziehung zweifeln, sagen Sie sich: »Mein Partner ist nicht für mein Glück verantwortlich.«

Durch diese Übung befreien Sie sich von der Illusion, dass das Glück im anderen liegt. Natürlich können Sie Ihren Partner trotzdem zum Mond schießen und sich einen neuen suchen. Aber tun Sie es nicht, weil Sie gerne glücklich gemacht werden wollen. Der nächste Mann, die nächste Frau wird das auch nicht dauerhaft schaffen.

 ÜBUNG 2

## Was noch?

Als Elternteil werden Sie sich oft ganz widersprüchlich fühlen. Erlauben Sie sich, diese Widersprüchlichkeit wahrzunehmen, anstatt Ihre Gefühle in gut und schlecht einzuteilen und an Ihrer Glücksvorstellung zu messen. Tatsächlich haben Sie fast immer mehrere Empfindungen gleichzeitig, Sie fokussieren meistens nur eine davon. In der Psychologie nennt man das *selektive Aufmerksamkeit*. Fragen Sie sich in Ihrem Alltag ganz gezielt: »Was fühle ich noch?« Wenn Ihre Sorgen um Ihr Kind Sie übermannen, was fühlen Sie noch? Ein Beispiel wäre: »Ich bin besorgt und gleichzeitig hoffnungsvoll, dass sich die Situation bald ändert.« Oder: »Ich bin total erschöpft, aber auch stolz, dass ich alles gemeistert habe.« Durch diese Übung schulen Sie Ihre Selbstwahrnehmung und gleichzeitig das Bewusstsein, dass unmöglich alles nur gut oder schlecht sein kann.

 ÜBUNG 3

## Das ganze Bild sehen

Falls Sie keine Kinder oder keinen Partner haben, aber der Überzeugung sind, dass eines davon oder sogar beides Ihr Schlüssel zum Glück sind, ist diese Übung genau richtig für Sie. Schnappen Sie sich Ihr (neues) Notizbuch und schreiben Sie eine Liste mit Ihren Annahmen über Ihr Leben, wie es mit einem Kind oder einem Partner wäre:

*Wenn ich ein Kind habe, fühle ich mich wie eine richtige Frau/ein richtiger Mann.*
*Wenn ich einen Partner habe, fühle ich mich nicht mehr einsam.*
*Wenn ich ein Kind habe, werde ich mit Liebe erfüllt sein.*
*Wenn ich einen Partner habe, fühle ich mich wertgeschätzt.*

Ergänzen Sie diese Liste mit allen Aussagen, die Ihnen in den Sinn kommen, fügen Sie jene Aspekte hinzu, die Sie als positiv, negativ oder neutral bewerten.

*Mit einem Kind kann ich nicht mehr so spontan sein.*
*Mit einem Partner werde ich streiten.*

Durch diese Übung werden Sie merken, dass ein Leben mit einem Partner oder mit einem Kind keine bessere, sondern eine *andere* Lebenssituation ist, die ebenso viele angenehme und unangenehme Facetten bietet wie Ihre jetzige Lebenssituation.

# KAPITEL 4

# Irrwege zum Glück

## Platz 2: Unser Körper

*Ich kam nach Hollywood, ohne meine Nase korrigiert,*
*die Zähne überkront und meinen Namen geändert zu haben.*
*Das befriedigt mich wirklich.*
BARBRA STREISAND

Auf stern.de las ich neulich folgende Schlagzeile:

*Bitte nicht lächeln: Meg Ryan schockte bei einer Preisverleihung*
*in New York die Zuschauer mit ihrem völlig entstellten Gesicht.*

Darunter befand sich der kurze Artikel:

*Sie war der Star im Liebesfilm-Klassiker* Harry *und* Sally*:*
*Meg Ryan nahm am Sonntagabend bei der Verleihung der Tony*
*Awards teil. Die Preise für die besten Theater- und Musical-*
*darsteller wurden in New York vergeben. Ryan, die eine Lauda-*
*tio hielt, konnte allerdings kaum ihr Gesicht bewegen. Gequält*
*brachte sie ein Lächeln hervor. Das war dann wohl die ein oder*
*andere Botoxspritze zu viel.*

Unter dem Beitrag war ein Bild von Meg Ryan abgebildet,
und mir klappte die Kinnlade runter. Diese wunderschöne,
natürliche Schauspielerin, deren Filme ich früher so gerne

sah, sah tatsächlich aus, als hätte jemand ihre Gesichtszüge mit Knete modelliert. Mich packte das Mitleid. Was sich im Internet als lockere Anekdote las, offenbarte in Wahrheit ein trauriges Schicksal: Diese Frau versucht krampfhaft sich durch eine künstliche Veränderung ihres Körpers gut zu fühlen. Und wenn sich dieses Gefühl nicht einstellt, braucht es mehr. Mehr Eingriffe, mehr Botox, mehr Schminke, mehr Gewichtsverlust. Was meinen Sie – wird Meg Ryan irgendwann zu dem Ergebnis kommen, dass sie sich wünscht, durch Schönheitsoperationen (wieder) glücklich zu werden?

Vielleicht würden Sie nicht so weit gehen, Ihren Körper einem chirurgischen Eingriff zu unterziehen, aber Sie kennen das bestimmt auch: Wir versuchen durch äußere Veränderung eine innere Veränderung zu bewirken. Wir nehmen ab, bauen Muskeln auf, schneiden und färben uns die Haare, kleistern unseren Körper mit Kosmetik zu, schlucken Lifestyle-Medikamente für schönere Haut und Nägel – und das alles in der Hoffnung, dadurch ein glückliches Leben zu führen. Aber hat Sie irgendeine dieser Veränderungen bisher dauerhaft glücklich gemacht?

Natürlich gibt es Momente, in denen wir uns großartig fühlen, wenn wir uns besonders fein rausgeputzt haben oder die Jeans eine Nummer kleiner wieder passt. Vielleicht haben wir auch gleich ein Foto von uns auf Instagram gepostet – tagtäglich werden weit über eine Million Selbstporträts in den sozialen Medien hochgeladen – und freuen uns über die vielen Gefällt-mir-Angaben. Aber wie viele Personen Ihr Foto auch geliked haben, Ihre Freude darüber wird vergehen. Ganz genau so wie das, was wir geläufig für schön halten: Wir bekommen Falten, graue Haare oder Haarausfall, unsere Figur und unser Körperbau verändern sich, wir werden dicker oder magern ab, unsere Adern treten hervor und schimmern durch die Haut, unser Rücken wird runder. Und wenn wir so tun, als wären wir für immer jung, macht es die Sache oft noch schlimmer. Dann wirken wir auf andere lächerlich und unfähig, »in Würde zu altern«.

Hinzu kommt, dass nicht nur wir uns verändern, sondern auch die Schönheitsideale. Wenn Sie um ständige Anpassung an Trends bemüht sind, verhindert Ihre gedankliche Beschäftigung mit Ihrem Aussehen, dass Sie einfach unbeschwert sind. Stellen Sie sich vor, bei einer Studie der US-Zeitschrift *Glamour* gaben achtzig Prozent der Frauen an, dass sie sich nach einem Blick in den Spiegel schlecht fühlten!

Kein Wunder, ich habe im Fitnessstudio schon Frauen beobachtet, die ihr Haargummi abgelegt haben, bevor sie auf die Waage stiegen. Wenn wir uns derart streng bewerten, wird jedes Gramm zu viel, jedes graue Haar, jeder Pickel zu einem Grund, uns die Laune zu vermiesen.

Unsere Unzufriedenheit über unseren Körper kommt dadurch zustande, dass wir glauben, anders aussehen zu müssen – und zwar so, wie kaum jemand aussieht. Wie unglaublich schwer wir es uns machen! Als schön gilt nämlich immer das, was besonders selten ist. Deshalb variieren die Schönheitsideale abhängig vom jeweiligen Kulturkreis. In ärmeren Ländern ist Körperfülle ein Zeichen von Wohlstand und gilt als attraktiv (in Nordwestafrika ist sogar die von uns so sehr geächtete Orangenhaut äußerst beliebt). In reicheren Ländern hingegen ist es schwer, sich bei dem Überfluss zurückzuhalten, und daher wird Schlankheit bewundert. Ihr blasser Teint wäre in vielen Ländern Asiens unglaublich angesagt, denn wer blass ist, muss nicht auf dem Feld schuften. Im Westen hingegen gilt man als schön, wenn man braun gebrannt ist, es ist ein Zeichen, dass man genügend Zeit und Geld hat, es sich gut gehen zu lassen. Im Iran unterziehen sich viele Frauen einer Nasenkorrektur, da kleine Nasen selten sind und aus diesem Grund als schön gelten. Oder noch exotischer: Denken Sie an die Padaung, das Volk, das zwischen Thailand und Birma lebt und bei dem sich die Frauen mit Messingringen den Hals strecken. Es ist sehr langwierig und schwierig, sich den Hals auf diese Weise zu verlängern, doch je länger, desto schöner!

So viel zu den kulturellen Unterschieden. Aber Sie müssen gar nicht die Vorlieben der Padaung zu Rate ziehen, denken Sie nur an die jeweils individuellen Vorstellungen von Schönheit. Mag es ein kollektives Schönheitsideal in einer Gesellschaft geben, so finden Sie vielleicht lange blonde Haare wundervoll, Ihr Nachbar dagegen einen dunklen Kurzhaarschnitt. Einige möchten einen Po wie Kim Kardashian haben, andere lassen sich das Fett absaugen. Was Ihnen äußerlich unmöglich erscheinen mag, kann ein Faible von jemand anderem sein.

Außerdem gibt es nicht nur kulturelle und individuelle Schönheitsideale, sondern auch eine Geschichte der Schönheit. Viele Frauen wünschen sich vielleicht, dass die dargestellten weiblichen Personen auf den Gemälden von Peter Paul Rubens in Sachen Ästhetik wieder den Ton angeben, und einige Männer sehnen sich zurück zur damals attraktiven römischen Beleibtheit – bloß keinen athletischen Körper wie in der griechischen Antike oder der heutigen Zeit.

Wie um alles in der Welt sollte Schönheit also ein Schlüssel zum Glück sein, wenn sie immer etwas anderes ist? Wie könnten wir ein für allemal glücklich sein, wenn wir nie ein für allemal schön sein können – schon gar nicht immer, überall und für jeden.

## Zu Risiken und Nebenwirkungen

Wir können mit unserem Körper so einiges anstellen, wenn wir glauben, durch Verbesserung unseres Aussehens glücklich zu werden. Aber wir können auch auf die Schönheit pfeifen und versuchen, unseren Körper besonders gesund zu halten. Denn dann wird es uns gut gehen, oder? Aber was bedeutet Gesundheit überhaupt?

Die WHO, die Weltgesundheitsorganisation, definierte sie im Jahr 1948 folgendermaßen: »Gesundheit ist ein Zustand völligen psychischen, physischen und sozialen Wohlbefindens und nicht nur das Freisein von Krankheit und Gebrechen.«

Einerseits ist diese Definition fortschrittlich, da sie Gesundheit nicht mehr (wie zuvor die medizinische Wissenschaft) nur als Abwesenheit von Krankheit begreift. Zur Gesundheit gehört mehr, als ohne Diagnose vom Arzt heimzukehren: Das subjektive Wohlbefinden spielt eine entscheidende Rolle. Allerdings trägt diese Definition auch dazu bei, dass Gesundheit als Irrweg zum Glück betrachtet wird. Ein Zustand *völligen psychischen, physischen und sozialen Wohlbefindens.* Lassen Sie sich das mal auf der Zunge zergehen! Das ist doch glatt mit dem absoluten Glück gleichzusetzen. Aber kann es das geben? Wäre überhaupt irgendjemand jemals gesund (oder glücklich), wenn wir diesen Maßstab anlegten?

Diese Kritik an der Utopie führte dazu, dass weitere Gesundheitsmodelle aufgestellt wurden, beispielsweise das der Salutogenese von Aaron Antonovsky, das Gesundheit als Kontinuum versteht. Es gibt niemanden, der kategorisch krank oder gesund ist, diese Begriffe sind nur Endpunkte auf einer Skala, auf der wir uns alle irgendwo befinden. Wir sind mal mehr und mal weniger gesund beziehungsweise krank.

Vielleicht denken Sie jetzt: Meine Güte, warum klappern wir denn jetzt diese trockenen Gesundheitsdefinitionen ab? Ganz einfach: Ich will Ihnen aufzeigen, dass Gesundheit im Grunde eine willkürliche Festlegung ist.

Nehmen wir an, Petra hat eine schlimme Krankheit, sagen wir Brustkrebs, und sie fühlt sich furchtbar und unwohl. Seit der Diagnose ist sie pessimistisch, was ihre Heilungschancen angeht. Hannelore dagegen hat die gleiche Krankheit, nimmt sich seit der Diagnose aber nicht sonderlich anders wahr als zuvor. Körperlich macht sich der Krebs noch nicht bemerkbar, und psychisch ist sie mit ihrem Körper sogar auf positive Weise seltsam verbunden. Sie ist sich auch sicher, dass sie die Krankheit besiegen wird. Aus medizinisch-wissenschaftlicher Sicht würde man sagen, dass beide Frauen krank sind, denn beide haben eine objektiv feststellbare Krankheit. Die WHO würde sagen, dass nur Petra krank ist, Hannelore ist gesund, denn sie fühlt sich ja trotz Krankheit vollkommen wohl. Antonovsky würde sagen, dass beide Frauen mehr oder weniger krank oder gesund sind, denn Hannelore und Petra haben zwar Krebs, aber andere Bereiche ihres Körpers und ihre Psyche sind intakt. Ich würde sagen: Ist doch vollkommen egal!

Sobald wir nämlich anfangen, eine Definition von Gesundheit aufzustellen, wird sie zu einer Art Ziel – und wir verfallen der Vorstellung, unser Leben wird grundlegend besser, wenn wir es erreicht haben. Aber das stimmt nicht. Oder sind etwa alle gesunden Menschen, die Sie kennen, glücklich? Viele Menschen gesunden von einer lebensbedrohlichen Krankheit und geraten gleich darauf in eine Lebenskrise, haben Angst, erneut zu erkranken, die Beziehungen zu Freunden und zur

Familie haben sich verändert, die Rückkehr in den Alltag gestaltet sich schwierig.

Ich selbst habe einmal nach einer Routineuntersuchung einen Anruf von meinem Arzt mit der unangenehmen Nachricht bekommen, dass deutliche Zellveränderungen an meinem Gebärmutterhals vorlägen. Augenblicklich dachte ich an Gebärmutterhalskrebs – der dritthäufigste bösartige Tumor bei Frauen mit weltweit einer halben Million Toten im Jahr. Na toll. Ich wollte sofort wieder gesund werden und fragte meinen Arzt, was zu tun sei. Er antwortete: »Gar nichts. Noch ist es kein Krebs. Abwarten und Tee trinken.«

Ich dachte, ich höre nicht richtig. Trinken Sie mal in Ruhe Tee, wenn Sie sich dabei vorstellen, dass die Zellen Ihres Körpers gerade entarten und Ihnen vielleicht zum Verhängnis werden. Oder stellen Sie es sich lieber nicht vor, es ist sehr nervenaufreibend. Jedenfalls dachte ich: Wenn ich diese Sache doch nur endlich wieder los wäre. Dann wäre ich so glücklich!

Ich versuchte alles: Ich ließ mich vom Allgemeinarzt von Kopf bis Fuß durchchecken, ging zum Homöopathen, machte Basenfasten, mehrmals die Woche Sport, aß fast keinen Zucker mehr, trank literweise Frauenmantelkrauttee, schlief jede Nacht mindestens sieben Stunden lang, nahm Nahrungsergänzungsmittel zur Stärkung des Immunsystems, ging in die Sauna, machte seltsame Gebärmutter-Meditationen – es half nichts. Nach jeder Untersuchung, die alle drei Monate stattfand, bekam ich wieder einen dieser furchtbaren Anrufe, dass man mich weiterhin so »engmaschig« kontrollieren müsse. Nach drei dieser Anrufe hatte ich die Schnauze voll. Ich hatte keine Lust mehr, mich anzustrengen. Natürlich wünschte ich mir immer noch, gesund zu werden, aber ich konnte mein Gesundheitsprogramm einfach nicht mehr durchziehen. Ich aß, schlief und bewegte mich nur noch, wie es mir passte. Nach der nächsten Untersuchung drei Monate später erhielt ich abermals einen Anruf. Die Zellen sahen nun aus einem unerfindlichen Grund wieder normal aus. Ich freute mich unglaublich und war extrem erleichtert. Aber, ehrlich gesagt, gewöhnte ich mich ziemlich schnell an meine neu gewonnene Gesundheit. Da war kein großes Glück, das ewig vorhielt. Bald bekam ich wieder schlechte Laune, wenn ich im Stau stand und es eilig hatte, oder ich hätte ausrasten können, wenn die Müllabfuhr montagmorgens bei mir klingelte, damit ich ihnen die Haustür aufmachte. Das Leben schenkte mir wieder all die anderen Stimmungen, die auf Sorge und Erleichterung folgen.

Wir sollten unseren Körper und seine Gesundheit nicht als Weg zum Glück betrachten, sondern jeden Tag und alles, was er mit sich bringt, genau so erleben, wie es ist. Selbst wenn sich unser Wohlbefinden durch unsere Gesundheit verbessert, wird es sich zwangsläufig irgendwann erneut verschlechtern. Das heißt nicht, dass mit uns etwas nicht in Ordnung ist, sondern dass wir *am Leben* sind. Und das ist schön. Alles, was lebt, verändert sich.

Keineswegs sage ich, und das meine ich ganz ausdrücklich, dass Sie sich nicht darum bemühen sollten, eine Krankheit zu überwinden. Sie sollten sich um sich kümmern, Sport treiben, Gemüse essen und zu allen möglichen Vorsorgeuntersuchungen gehen. Ich tue das genauso wie Sie. Ich sage nur, dass Ihr Leben, selbst wenn Sie krank sind, stattfindet und Ihnen eine Palette an Erlebnissen bietet.

## An apple a day

Die unangenehmen Arztanrufe und lebensbedrohlichen Krankheiten sind für Sie wie für mich wahrscheinlich eher die Ausnahme. Lassen Sie uns deshalb noch einen Blick auf einen Gesundheitsbereich werfen, der etwas alltäglicher ist und zurzeit regelrecht ausartet.

Kommt es Ihnen auch so vor, als würden wir uns übermäßig viele Gedanken über unsere Ernährung machen? Viele Menschen wollen sich offenbar glücklich essen. Es gibt plötzlich unzählige Trends: Superfood, ayurvedisches Kochen, grüne Smoothies, Hybrid-Food, Detox-Kuren, Low-Carb-Gerichte, Paleo-Diät, Vegetarismus, Veganismus. Alle diese Ernährungsformen versprechen mehr Wohlbefinden, Gesundheit, Fitness oder gleich ganz allgemein ein besseres Leben.

Das klingt nach Quatsch und Utopie. Doch in diesen vielen Begriffen spiegelt sich auch eine Notwendigkeit unserer Zeit: Wir müssen uns mit dem Thema Ernährung auseinandersetzen, weil wir von Möglichkeiten überschwemmt werden. Wir erleben in Deutschland glücklicherweise keinen Krieg, keine Hungersnot, haben keine Katastrophen, die zu Nahrungsknappheit führen. Die Supermärkte sind voll, es gibt von jedem Lebensmittel mindestens zwei (meistens weitaus mehr) Varianten verschiedener Firmen. Wie sollen wir uns bloß entscheiden? Wir haben das Bedürfnis nach Orientierung, einer »richtigen« Ernährungsweise, nach einer Richtlinie, der wir folgen können. Nur gibt es davon mittlerweile so viele, dass wir eine Entscheidungshilfe für die Auswahl unserer Entscheidungshilfe gebrauchen könnten. Vielleicht ahnen Sie, worauf ich hinauswill: Die Beschäftigung mit unserer Ernährung kann sehr stressig sein.

An der Universität Potsdam habe ich vor Kurzem ein Seminar zum Thema »Psychologische Diagnostik in der Gesundheitspsychologie« gegeben. Darin sollten die Studenten einen Fragebogen zur gesunden Ernährung konzipieren. Die größte Schwierigkeit bestand darin, die Tatsache zu berücksichtigen, dass gesunde Ernährung nur so lange gesund ist, wie der Stress, bestimmte Ernährungsstandards zu erfüllen, den Nutzen der Ernährung nicht übersteigt. Anders ausgedrückt: Wenn ich mich zu sehr damit unter Druck setze, gesund zu leben, schüttet mein Körper derart viele Stresshormone aus, dass das Vitamin C in meinem Brokkoli die negativen körperlichen Konsequenzen nicht mehr aufwiegt.

Natürlich spricht nichts dagegen, der Deutschen Gesellschaft für Ernährung zu vertrauen und fünf Portionen Obst und Gemüse am Tag zu essen. Aber die übermäßige Beschäftigung mit unserer Ernährung birgt die Gefahr, dass wir schlimmstenfalls so blind durch diesen Ernährungswahn werden, dass wir die Kosten-Nutzen-Bilanz unserer Bemühungen überhaupt nicht mehr wahrnehmen. Dann essen wir uns nicht gesund und glücklich, sondern fügen uns sogar Schaden zu. Unseren Körper als Weg zum Glück zu missbrauchen führt uns also nicht nur in die Irre, sondern kann schwerwiegende Folgen haben. Höchste Zeit, damit aufzuhören!

# Wie Sie den Irrweg verlassen

 ÜBUNG 1

## Alles, was lebt

Ihr Körper kämpft rund um die Uhr mit Bakterien, Viren, Krankheitserregern. Sie sind gesund, Sie werden spürbar krank, werden wieder gesund und so weiter und so fort. Ganz ähnlich ist es mit Ihren Stimmungen: Egal wie sehr Sie sich gerade freuen, diese Freude wird vergehen, und egal wie miserabel Sie sich momentan fühlen, irgendwann sind Sie wieder froh. Deshalb brauchen Sie diesen Stimmungen nicht so viel Bedeutung beizumessen, Sie können sie einfach als Zeichen dafür sehen, dass Sie am Leben sind. Und diese Tatsache ist doch wunderbar! So wird selbst die mieseste Stimmung und die schlimmste Krankheit zum Beweis dafür, dass Sie da sind. Um das zu verinnerlichen, überlegen Sie sich, wie sich alle lebendigen Lebewesen ständig verändern. Jede Pflanze, jedes Tier, jeder Mensch. Durchschnittlich alle sieben Jahre erneuern sich die Zellen Ihres Körpers komplett neu! Denken Sie an die vielen Stimmungen, Impulse, Instinkte, die sich abwechseln. Und dann fragen Sie sich andersherum: Gibt es irgendetwas Lebendiges, das immer gleich ist? Falls Sie, so wie ich, zu dem Schluss kommen, dass das nicht der Fall ist, genießen Sie das Gefühl, in diesem Augenblick am Leben zu sein.

## Der Elefant

Diese Übung kann es Ihnen erleichtern, zu verstehen, wie sehr wir von Schönheitsidealen beeinflusst werden – und wie albern das im Grunde ist.

Versuchen Sie sich einzureden, dass es unglaublich trendy ist, wie ein Elefant auszusehen. Sagen Sie sich: »Diese graue, dicke Haut sieht doch super aus. Und diese großen Ohren – perfekt! Die Stoßzähne sind wirklich das i-Tüpfelchen.«

Stellen Sie sich dann vor einen Spiegel und vergleichen Sie sich mit einem Elefanten. Das hört sich verrückt an – aber es geht! Sie haben auch zwei Augen, zwei Ohren. Na gut, Sie haben nur zwei Beine. Aber immerhin. Nicht zu vergessen einen Mund, genau wie der Elefant. Ihre Nase ist wahrscheinlich kleiner. Machen Sie sich jetzt bewusst, dass genau das Gleiche stattfindet, wenn Sie sich mit anderen Frauen oder Männern aus irgendwelchen Magazinen vergleichen. Komisch, oder? Sie sind doch Sie – warum wollen Sie so aussehen wie jemand anderes? Und warum sollte Sie das glücklich machen?

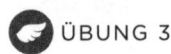 ÜBUNG 3

## Spieglein, Spieglein

Hierbei spielt schon wieder der Spiegel eine Rolle. Ich war vor Kurzem in einem Café und musste auf die Toilette. Als ich mir anschließend die Hände wusch, wollte ich einen kurzen Blick in den Spiegel werfen – nur war dort gar keiner. Stattdessen stand über dem Waschbecken an der Wand: *You look fine*. Zu Deutsch: Du siehst okay aus. Ich musste lächeln, weil ich mich dabei ertappt fühlte, mein Äußeres kontrollieren zu wollen. Aber wozu? Wir sollten uns öfter daran erinnern, dass unser Aussehen in Ordnung ist, so wie es gerade ist. Dazu können Sie entweder einen Spiegel in Ihrer Wohnung abnehmen und an dessen Stelle ein Blatt Papier hängen, auf dem Sie einen ähnlich guten Spruch notieren. Oder Sie kleben es einfach in Höhe Ihres Gesichts auf den Spiegel. Es wird Sie daran erinnern, dass Sie gut aussehen, genau so wie Sie gerade aussehen!

# KAPITEL 5

# Irrwege zum Glück

## Platz 1: Spiritualität und Religion

*Man kann laufen, so weit man will,*
*man sieht überall nur seinen eigenen Horizont.*
MAX VON EYTH

Einmal habe ich eine Tour durch Korea gemacht, die von einer evangelischen Kirche organisiert wurde. Wir waren ungefähr sechzig Teilnehmer, und es ging bei dieser Reise vor allem darum, das Land Korea kennenzulernen, denn viele der Teilnehmer waren in Deutschland aufgewachsene Koreaner. Aber die Fahrt hatte auch religiöse Programmpunkte: Wir übernachteten in Kirchen, arbeiteten bei christlichen Projekten mit, zum Beispiel bei einem Häuserbau für Obdachlose, wir führten Gesprächsrunden mit Themen wie Vergebung, Nächstenliebe und so weiter. Nun ist es so, dass die christliche Überzeugung in Korea einen hohen Stellenwert hat. Wenn Sie an einem Gottesdienst in diesem Land teilnehmen, wird Ihnen auffallen, dass die Menschen sich sehr leidenschaftlich ihrem Glauben hingeben, sie weinen, beten laut (sehr laut!), möchten häufig missionieren und sind überaus diszipliniert, was die Gottesdienstbesuche betrifft.

Wie ich eben erwähnte, halfen wir bei einem Häuserbau für Obdachlose mit. An einem dieser Tage ging es mir nicht gut. Meine Beine waren von der Hitze und vom langen Sitzen im Bus geschwollen; ich musste für diesen Tag aussetzen und die Füße hochlegen. Abseits von der Baustelle machte ich es mir bequem, und eine meiner Mitreisenden, nennen wir sie Mina, leistete mir Gesellschaft. Ich kannte sie nur flüchtig, aber schon nach kurzem Small Talk offenbarte sie, dass sie ziemlich verzweifelt sei. Sie erzählte, dass sie diese Reise nur mitmache, um Gott näherzukommen – aber das funktioniere einfach nicht!

»Alle um mich herum berichten mir, dass sie Gott fühlen, dass Gott zu ihnen spricht, sie sich ihm nah und bei ihm geborgen fühlen. Aber ich fühle Gott einfach nicht. Ich weiß nicht, was ich noch machen soll. Ich dachte, wenn ich in Korea bin, schaffe ich es, ähnlich zu empfinden. Aber es klappt nicht.«

Ich versicherte ihr, dass Gott auch nicht zu mir sprechen würde. Das schien sie ein wenig zu erleichtern. Doch mehr und mehr wurde mir klar, dass diese junge Frau sich vollkommen ausgeschlossen fühlte in einer Gemeinschaft, in der alle ähnlich seligmachende, tief greifende religiöse Erfahrungen miteinander verbanden – nur sie nicht.

Unser Gespräch verlief etwas holprig. Zum einen, weil mich ihre Offenheit sehr überraschte. So etwas erlebt man ohnehin selten, und in der koreanischen Kultur wohl noch seltener. Zum anderen ist das mit der Religion so eine Sache: Ich kann natürlich niemandem seine erfüllende Beziehung zu Gott absprechen, aber ich wollte Mina auf irgendeine Weise das bedrückende Gefühl nehmen, dass sie unfähig war und nicht das fand, was man ihrer Meinung nach doch finden musste. Das Glück in Gott.

Sagen wir es so, wie es ist: Religion oder, etwas allgemeiner, Spiritualität ist der »Königsirrweg« zum Glück! Diesen Pfad beschreiten wir nämlich oft, wenn wir begriffen haben, dass wir das Glück auf keinem der anderen Wege finden werden, und nun glauben, das Glück in »unserem Inneren« entdecken zu müssen. Dafür fahren wir paradoxerweise in indische Ashrams, zu Retreats an die polnische Ostsee oder pilgern auf dem Jakobsweg. Und selbst wenn wir uns bloß zu Hause auf unser Meditationskissen setzen, tun die meisten von uns das in Erwartung irgendeiner Glückserfahrung – und nicht, weil wir uns bereits vollkommen fühlen und das Sitzen genießen.

Im Vergleich zu den anderen ist dieser Irrweg am schwierigsten zu durchschauen, denn es ist je nach Religion oft gar nicht überprüfbar, ob es sich tatsächlich um einen Irr- oder doch den ultimativen Weg zum Glück handelt. Viele Gläubige erwarten ihr Glück nämlich erst in ferner Zukunft oder sogar nach dem Tod, im Himmel oder im Nirwana. Damit sind der Hoffnung Tür und Tor geöffnet: Theoretisch besteht immer die Möglichkeit, auf dem richtigen Pfad zu sein und an der Ziellinie dem großen Glück zu begegnen. Die Zeit im Ashram wird vielleicht irgendwann ihre Wirkung zeigen – und sei es im nächsten Leben.

Doch wenn wir unsere Augen auf ein fernes Ziel richten, das sich zu unseren Lebzeiten vielleicht noch nicht einmal als wahr erweist, ist die Chance, dass wir unser eigentliches Leben verpassen, ziemlich groß.

Keine Sorge, um diesen Irrweg zu verlassen, müssen wir weder unsere moralischen Prinzipien noch religiöse Rituale aufgeben. Es kann mit Sicherheit sehr erleichternd sein, im Gebet unsere Sorgen und Ängste zu teilen oder beim Meditieren innezuhalten. Aber wenn wir das in der Aussicht auf das ewige Glück tun, werden wir uns unser ganzes Leben lang als mangelhaft erfahren. Solange das Glück in der Zukunft liegt, kann es nie jetzt sein.

Dabei geht es gar nicht um die Inhalte einer Religion und auch nicht darum, ob es tatsächlich möglich ist, nach unserem Tod glückselig zu sein. Wenn es so ist – prima! Es spricht auch nichts dagegen, hin und wieder daran zu denken und aus diesen Gedanken Zuversicht zu schöpfen. Aber es gibt auch in *diesem* Augenblick so viel zu entdecken, dass es schlichtweg schade wäre, unsere Zeit mit dem Warten auf das Leben nach dem Tod oder die Erleuchtung zu verplempern.

Der Zen-Mönch Thich Nhat Hanh schreibt: »Da wir uns an unsere Hoffnung für die Zukunft klammern, richten wir unsere Kräfte und Fähigkeiten nicht auf den gegenwärtigen Moment. Wir halten uns an die Hoffnung und glauben, dass die Zukunft etwas Besseres bringen wird, dass wir den Frieden oder das Königreich Gottes finden werden. Die Hoffnung wird zu einer Art Hindernis. Wenn du die Hoffnung seinlassen kannst, wirst du dich gänzlich auf den gegenwärtigen Moment einlassen können und die Freude entdecken, die schon hier ist.«

Jetzt ist es ja so, dass Religion im konservativen Sinne ohnehin in unserem Alltag heutzutage eher eine untergeordnete Rolle spielt. Doch wenn wir uns umsehen und an jeder Ecke ein Yogastudio entdecken, den unglaublichen Meditations-Boom mitkriegen und keine Zeitschrift mehr aufschlagen können, ohne dass uns das Wort »Achtsamkeit« entgegenspringt, bemerken wir, dass wir uns Ersatzreligionen gebaut haben. Tätigkeiten, von denen wir *glauben*, dass sie uns zum Glück verhelfen.

Ich möchte niemandem absprechen, dass es während einer spirituellen Praxis durchaus zu außergewöhnlichen Erlebnissen kommen kann. Doch ist das gleichzusetzen mit dem großen Glück? Ist in Ihrem Meditationskurs schon mal jemand von seinem Sitzkissen aufgestanden und hat gesagt: »Leute, ich hab's! Ich bin jetzt erleuchtet und geh nach Hause!«?

Wahrscheinlich nicht. Selbst wenn wir eine solche glückselige Erfahrung machen, verharren wir in ihr, denn wir wollen immer noch mehr, noch länger, noch besser. Und was passiert stattdessen? Die Erfahrung vergeht. Das »Glück« ist doch wieder nur eine Laune unserer Gefühlswelt und unterliegt den Regeln unseres Menschseins und der Vergänglichkeit.

Die Wienerin Su Busson arbeitet als systemische Beraterin, Life-Coach und Yogalehrerin und schreibt: »Bei einer Einheitserfahrung verschwindet das Gefühl, ein begrenztes Ich zu sein, für einen kurzen Moment oder sogar für eine ganze Weile, und wir erkennen die Wirklichkeit – die Einheit allen Seins. Das, was Menschen aus solchen Erfahrungen zu berichten wissen, zeigt eine Bandbreite von Momenten tiefen Glücksempfindens über mystische Erlebnisse oder spektakuläre Bewusstseinszustände bis zu einem stillen Gefühl vollkommenen Friedens und innerer Ruhe. Was allen gemeinsam ist: Der Zustand hat ein Ende.«

Wie kommt es dann, dass unsere »Ersatzreligionen« sich trotzdem so hartnäckig halten und sich als Wege zum Glück etabliert haben? Was versprechen wir uns von Yoga & Co., und was können diese Ansätze tatsächlich leisten?

## Allheilmittel Achtsamkeit?

Ich weiß nicht, wie es Ihnen geht, aber ich kann das Wort »Achtsamkeit« nicht mehr hören! Nicht, weil ich das Konzept der Achtsamkeit für falsch oder überflüssig halte, sondern weil uns die Achtsamkeit als Lösung für all unsere Probleme verkauft wird – zumindest in der abgespeckten Kurzversion, die uns leider oft in der Presse oder in oberflächlichen psychologischen Interventionen begegnet. Google kommt zu einer knappen halben Million Ergebnisse, wenn wir nach »Achtsamkeit und Glück« suchen. Dieser Zusammenhang, den viele von uns vermuten, erweckt in uns zum einen den Eindruck, wir könnten unsere Probleme ein für alle Mal loswerden (ein Irrweg, wie Sie sicherlich noch wissen). Und zum anderen fühlen wir uns, als bräuchten wir die Achtsamkeit, um in einen geheilten Zustand zu gelangen und glücklich zu sein. Achtsamkeit hat als Praxiselement verschiedener Religionen und spiritueller Traditionen (darunter Christentum, Buddhismus, Daoismus, Sufismus, Yoga) ungeheure Popularität erlangt. Selbst in der Medizin, der Psychotherapie und im Coaching hat sie Einzug gefunden. Falls Sie es tatsächlich bisher geschafft haben, noch nichts zum Thema Achtsamkeit zu hören, erkläre ich es Ihnen kurz mit den Worten von Jon Kabat-Zinn, einem US-Molekularbiologen, der das weltweit bekannte Acht-Wochen-Programm Mindfulness-Based Stress Reduction (MBSR) entwickelte: »Achtsamkeit beinhaltet auf eine bestimmte Art und Weise aufmerksam zu sein: bewusst im gegenwärtigen Augenblick und ohne zu beurteilen.« Mit Achtsamkeit ist also die bewusste und vorbehaltlose Wahrnehmung unseres gegenwärtigen Erlebens gemeint.

Eine Achtsamkeitsübung wäre zum Beispiel die Beobachtung Ihres Atems. Atmen Sie ein und spüren Sie die Luft in Ihrem Nasenraum, in der Luftröhre. Das Brustbein hebt sich. Merken Sie, wie Ihre Lungenflügel sich vergrößern, das Zwerchfell sich nach unten dehnt. Dann schiebt sich das Zwerchfell wieder nach oben, die Lungenflügel werden kleiner, das Brustbein zieht sich zurück. Spüren Sie den Luftstrom in Ihren Nasenflügeln. Beobachten Sie jetzt vielleicht drei Atemzüge auf diese Weise.

Eins …

Zwei …

Drei …

Sie waren achtsam. Wahrscheinlich. Vielleicht sind Ihre Gedanken aber auch für einen Moment abgedriftet und Sie haben verpasst, wie Ihre Lungenflügel sich ausdehnten. Trotzdem haben Sie bewusster geatmet als bisher am heutigen Tag, oder?

Um achtsam zu sein, müssen Sie allerdings gar nicht bewusst atmen. Nehmen Sie nur mal fünf Dinge wahr, die Sie jetzt sehen. Vielleicht die Seiten dieses Buchs, die Farbe der Buchstaben, Ihre Finger, die das Buch halten, und im Augenwinkel weitere Teile Ihres Körpers, den Boden, den Tisch oder Ihr Handy. Dann bemerken Sie fünf Dinge, die Sie hören. Verkehrsgeräusche, das Brummen des Kühlschranks, das Rascheln, wenn Sie eine Seite umblättern, Ihren Atem oder den des Menschen, der mit Ihnen im Raum ist. Auch das sind Achtsamkeitsübungen. Aber wozu sollen sie bloß gut sein?

Eventuell haben Sie es schon während der drei bewussten Atemzüge gemerkt: Wer sich auf seinen Atem konzentriert, kann nicht gleichzeitig ins Grübeln geraten. Unsere Konzentration verhindert, dass unsere Gedanken in alle möglichen Richtungen abschweifen und wir uns mit unseren Problemen beschäftigen. Achtsamkeit beinhaltet Konzentration und kann gewissermaßen dazu beitragen, dass wir uns für die Länge der Übung nicht in Problemlöseendlosschleifen verfangen.

Ein Nebeneffekt ist außerdem häufig, dass wir uns entspannen. Entspannung ist das Gegenteil von Anspannung und bedeutet Stressreduktion. Und die können wir heutzutage verdammt gut gebrauchen! Die Reduzierung von Stress und der Abbau von Stresshormonen haben wiederum weitere positive Auswirkungen. Zahlreiche Studien belegen, dass viele Symptome psychischer Störungen durch Achtsamkeit gelindert werden können. Angstzustände nehmen ab, Lernen und Erinnerungsleistung werden verbessert, die Fähigkeit zur Emotionsregulation nimmt zu.

Das hört sich großartig an, und das ist es auch. Viele der von mir bisher vorgeschlagenen Übungen sind im Grunde Achtsamkeitsübungen. Der Punkt, um den es mir hier geht, ist auch nicht, dass Religion, Spiritualität und säkularisierte Elemente in ihrer Praxis per se »nichts bringen«. Aber sie werden Sie nicht vor schwierigen Situationen, unangenehmen Gedanken und Gefühlen *bewahren*. An dieser Stelle möchte ich betonen, dass das Konzept der Achtsamkeit genau diesen Aspekt beinhaltet, die Achtsamkeit sogar ausmacht. Nur leider kann diese Annahme im allgemeinen Grundverständnis schnell verloren gehen, weil wir uns eben so sehr wünschen, die Achtsamkeitspraxis möge uns stressfreier, entspannter, glücklicher machen.

Die Diplom-Psychologin Britta Hölzel, die unter anderem an der Harvard Medical School zum Thema Achtsamkeit geforscht hat, stellt in diesem Zusammenhang klar: »Achtsamkeit ist sicher kein Allheilmittel. Sie wurde traditionell zur Kultivierung von Weisheit, zur Überwindung von Leid und zur Erlangung von Befreiung praktiziert, und zwar als Teil eines umfassenderen Weges. Sich von einem Teilaspekt dieses umfassenden Weges nun kleine Wunder zu erhoffen ist unrealistisch. Eine solche Erwartung muss früher oder später enttäuscht werden.«

Wenn Sie also trotz Ihrer Achtsamkeitspraxis wütend werden, weil Ihr Partner Sie provoziert, oder tieftraurig, weil jemand stirbt, oder unglaublich frustriert, weil das Beobachten

Ihres Atems langweilig ist, dann geschieht das nicht, weil Sie etwas falsch machen. *Sondern weil Sie ein Mensch sind!*

Der Nutzen, sich darüber bewusst zu sein, was in Ihnen vorgeht, besteht lediglich darin, dass Sie mehr Freiraum für Ihr Handeln schaffen.

Nehmen wir an, Thomas leidet furchtbar unter seinen Wutanfällen. Ständig regt er sich auf: über die lange Schlange an der Kasse, über seinen Chef, seine Freundin, den Verkehr, den schlechten Service im Restaurant – er könnte pausenlos an die Decke gehen! Er googelt das Problem und stößt auf einen Artikel über Achtsamkeit. Thomas befolgt die darin beschriebenen Ratschläge und fängt an wahrzunehmen, was in ihm vorgeht. Ganz langsam gelingt es ihm, seine Wut zu bemerken, *bevor* er den anderen Autofahrer als unfähigen Idioten beschimpft. Er hat Zeit, sich dagegen zu entscheiden so auszuticken, und nimmt einfach nur wahr, dass er wahnsinnig wütend ist. Ein paar Minuten später hat die Wut bereits nachgelassen, und nach einer halben Stunde ist sie ganz verflogen, bis ihm so ein Idiot den Parkplatz vor der Nase wegschnappt …

Was ich mit diesem Beispiel sagen will, ist, dass Achtsamkeit niemals dazu führen wird, dass wir keine unangenehmen Gedanken und Gefühle mehr haben. Sie kann aber sehr wohl dabei helfen, dass wir uns selbst besser kennenlernen und im Zweifelsfall Entscheidungen über unser Verhalten treffen, die wir (aus welchen Gründen auch immer) für besser halten. Ich finde das gut, und wenn es mir gelingt, mache ich selbst davon Gebrauch. Aber mit irgendeinem Zustand der Glückseligkeit hat das nichts zu tun.

## Das Hier und Jetzt

Lassen Sie uns noch auf einen Punkt der obigen Definition von Jon Kabat-Zinn eingehen: das Verweilen im gegenwärtigen Augenblick. Auch im Zitat von Thich Nhat Hanh kommt »der gegenwärtige Moment« vor und wird sogar in Zusammenhang mit dem Entdecken von Freude genannt.

Ich wette, es gibt einen Haufen Leute, die ein wahnsinnig schlechtes Gewissen haben, weil sie nicht öfter im Hier und Jetzt sind. Immerhin scheint es tatsächlich ein Schlüssel zum Glück zu sein, durch den viele Menschen es geschafft haben, unangenehme Gefühle und Gedanken hinter sich zu lassen. Eckhart Tolle zum Beispiel. Auch ich habe seinen Weltbestseller *Jetzt!* gelesen. Er schreibt darin, dass er durch das »Tor« des Jetzt zu »unbeschreiblicher Glückseligkeit und Heiligkeit« gelangt sei. Weiter heißt es: »Es kam dann eine Phase, in der mir auf der körperlichen und materiellen Ebene eine Zeit lang absolut nichts blieb. Ich hatte keine Beziehungen, keine Arbeit, kein Zuhause, keine sozial definierte Identität. Ich verbrachte fast zwei Jahre auf Parkbänken sitzend in einem Zustand tiefster Freude.«

So. Einen Zustand tiefster Freude wollen wir natürlich alle haben! Aber überlegen Sie mal, wie die Welt um uns herum aussehen würde, wenn wir alle nur noch von Freude erfüllt auf Parkbänken rumhocken würden: Es gäbe niemanden mehr, der in Krankenhäusern die Kranken versorgt, im Supermarkt würde Ihnen keiner mehr etwas verkaufen, unser Müll würde nicht mehr abgeholt, die Toten nicht mehr betrauert oder begraben werden, die Kinder und Babys nicht mehr verpflegt, und wir würden uns nicht mehr miteinander beschäftigen, weil jeder für sich in Glückseligkeit schwebt.

Selbst wenn so ein anhaltender Zustand der Freude durch das Hier und Jetzt möglich wäre, wäre das wirklich erstrebenswert? Oder käme es irgendwann einer Realitätsflucht gleich, uns dem gegenwärtigen Moment vollkommen hinzugeben?

Unsere Fähigkeit, an das Morgen zu denken und uns an vergangene Erfahrungen zu erinnern, ist ganz wunderbar, und die Dinge, die wir dadurch bewirken können, haben Wert. Menschen, die ihren Erinnerungen oder Plänen gedanklich nicht nachgehen können, wie das bei an Demenz Erkrankten der Fall ist, können ihren Alltag nicht ohne Hilfe bewältigen. Seien Sie also froh über Ihre Fähigkeiten und dankbar, dass Sie nicht im Hier und Jetzt gefangen sind, sondern wählen können. Wenn Leute spielende Kinder beobachten, fällt nicht selten irgendwann seufzend und wehmütig der Satz: »Die sind so ganz im Hier und Jetzt.« Wir wünschen uns dieses unbeschwerte Dasein zurück. Aber wir als Erwachsene können unseren Kindern ein solches Leben nur ermöglichen, weil wir unseren Verstand dazu benutzen, zu reflektieren, zu planen, zu organisieren, kurzum: uns unserer Vorstellung der Vergangenheit und Zukunft zu bedienen. Das widerspricht dem Hier-und-Jetzt-Konzept auch gar nicht, solange wir uns darüber bewusst sind. In etwa so: »Aha, ich bemerke, dass ich seit geraumer Zeit darüber nachdenke, wer Henning morgen vom Kindergarten abholt.« Wichtig ist nur, dass Sie diese geistige Präsenz im Hinblick auf Ihre Gedanken an die Vergangenheit und Zukunft nicht als besser bewerten als die Gedanken selbst. Wenn Sie genauer darüber nachdenken, ergibt die Gegenwart auch nur einen Sinn, wenn Sie sie in Bezug zur Vergangenheit und Zukunft setzen. Das Heute definiert sich über den Gegensatz zum Gestern und Morgen. Tatsächlich sind das alles jedoch nur willkürliche Festlegungen. Wir meinen oft genau zu wissen, was mit »im Hier und Jetzt sein« gemeint ist, aber hinterfragen Sie mal Ihre Annahmen: Was bedeutet der »gegenwärtige Moment«? Wie lange dauert er? In dem Augenblick, in dem Sie ihn wahrnehmen, ist er schon wieder vorbei. Und wenn Sie dieses Spiel weiterspielen, können Sie die Zeit in immer kleinere Abschnitte einteilen. Welcher davon ist das »Jetzt«? Wo wollen Sie eigentlich verweilen?

Ach du lieber Himmel, man bekommt einen richtigen Knoten im Kopf, wenn man diesen Überlegungen folgt, oder? Das hat damit zu tun, dass wir uns unsere Wirklichkeit normalerweise ganz bequem in drei Zeitzonen zurechtlegen: Vergangenheit, Gegenwart und Zukunft. Aber letztendlich gibt es diese Unterteilungen gar nicht. Wenn Sie glauben, dass Sie ein Leben im »Jetzt« glücklich machen wird, knüpfen Sie Ihre Vorstellung vom Glück (das es in Wirklichkeit nicht gibt) an eine zeitliche Dimension (die es in Wirklichkeit nicht gibt). Und was muss dabei herauskommen? Jedenfalls nicht die immerwährende Freude.

Natürlich ist es richtig, dass wir uns häufig gedanklich mit *anderen* Dingen beschäftigen als mit denen, die uns umgeben. Wir liegen am Strand und denken an unsere Steuererklärung. Wenn wir uns übermäßig mit Sorgen, To-do-Listen und Erinnerungen beschäftigen, während das Leben um uns herum stattfindet, fühlen wir uns entfremdet. Aber wenn wir dauernd nur mit dem beschäftigt wären, was uns tatsächlich umgibt, würden wir unser Leben ebenso wenig sinnvoll führen können. Wenn Sie also am Strand liegen und sich nur mit der Wärme auf Ihrer Haut und dem Sand unter Ihrem Po beschäftigen, bekommen Sie einen Sonnenbrand. Ihre Fähigkeit, sich an vergangene Erfahrungen zu erinnern, und Ihre Voraussicht, um für sich und andere zu sorgen, sind unschätzbare Qualitäten.

Stellen Sie sich Vergangenheit, Gegenwart und Zukunft wie mit Helium gefüllte Luftballons vor, die gleichzeitig steigen sollen. Das Helium ist in diesem Fall die Zeit, in der Sie Ihre Aufmerksamkeit auf das Gegenwärtige, das Zukünftige oder das Vergangene richten. Wenn Sie sich erlauben, alle drei Teile ungefähr ausgeglichen zu berücksichtigen, laufen Sie weder Gefahr, in Gedanken an das Gestern oder Morgen zu versinken, noch neigen Sie dazu, ein abgehobenes Dasein im ständigen Hier und Jetzt (was immer das für Sie bedeuten mag) zu verbringen und das Denken den anderen zu überlassen.

Ganz gleich was Sie tun, ob Sie sich auf Ihre Religion, Ihre Achtsamkeits- oder Meditationspraxis, Ihre Yogaübungen oder welche Form der Spiritualität auch immer fokussieren: Das große Glück werden Sie dadurch nicht erreichen. Gott wird Sie nicht davor bewahren, traurig zu sein, und Achtsamkeit wird nicht dazu führen, dass Sie nicht mehr wütend werden. Das liegt nicht an Ihnen. Auch Jesus, der Papst, Buddha, Ihr Guru, Yogalehrer, Meditationsmeister oder Achtsamkeitstherapeut hatte oder hat diese unangenehmen Gefühle. Sie gehören schlichtweg zum Leben.

## Wie Sie den Irrweg verlassen

 ÜBUNG 1

### Absichtslos sein – schon wieder!

Sie kennen diese Übung in ähnlicher Form bereits aus dem Kapitel über beruflichen Erfolg.

Wenn Sie etwas Religiöses oder Spirituelles tun, zum Beispiel den Gottesdienst besuchen, beten, meditieren, Yoga machen oder Achtsamkeit üben, entlasten Sie sich durch den Gedanken, dass Ihre Tätigkeit nichts bringen muss. Sagen Sie sich vor, während oder nach Ihrem spirituellen Tun: »Ich mache Yoga, um Yoga zu machen.« Oder: »Ich habe gebetet, um zu beten.«

Das hört sich für Sie vielleicht merkwürdig an. Aber Sie werden bemerken, dass die »Abkehr« von Ihrem Wunsch nach Glück eine Wertschätzung der Tätigkeit an sich bedeutet.

 ÜBUNG 2

## Zeitlos sein

Erinnern Sie sich an meine philosophischen Überlegungen zum Hier und Jetzt. Was soll das eigentlich sein?

Sie können diese Übung jederzeit und überall durchführen, alles, was Sie dafür brauchen, ist Ihre Vorstellungskraft.

Schließen Sie die Augen und nehmen Sie wahr, dass jeder Moment unmittelbar der Vergangenheit angehört, sobald Sie ihn registriert haben. Versuchen Sie bewusst, das Hier und Jetzt zu fassen und diesen Augenblick in immer kleinere Teile zu zerlegen: in Sekunden, Millisekunden, Mikrosekunden, Nanosekunden – was davon ist die Gegenwart? Wo fängt sie an, und wo hört sie auf? Es kommt gar nicht darauf an, eine rationale Antwort zu finden. Bemerken Sie einfach, wie sich das anfühlt, Ihre gewohnten Zeitzonen zu hinterfragen. Sie werden feststellen, dass es im Grunde weder Vergangenheit noch Gegenwart noch Zukunft gibt. All das sind Festlegungen und diffuse Vorstellungen. Die Zeit ist wie ein Fluss, den man nicht unterteilen kann. Gönnen Sie es sich, auf diesem zeitlosen Strom zu treiben, anstatt sich in Ihre Vorstellung vom Hier und Jetzt einzusperren.

 ÜBUNG 3

## Klartext

Treffen Sie sich mit einem guten Freund oder einer guten Freundin und tauschen Sie sich über Ihre Erfahrungen aus, die Sie mit den Themen Religion und Spiritualität gemacht haben. Erinnern Sie sich an mein obiges Beispiel – häufig fühlen wir uns schlecht, weil wir nicht ehrlich miteinander sprechen und nicht von Erfahrungen erzählen, in denen wir Gott nicht gespürt haben, beim Yoga die ganze Zeit nur ans Abendessen dachten oder das Hier und Jetzt uns so viel bedeutete wie ein ausgelutschter Kaugummi. Machen Sie den ersten Schritt. Falls Ihnen das Gesprächsthema Spiritualität zu gekünstelt vorkommt, beginnen Sie Ihre Unterhaltung von mir aus so: »Du, ich lese da gerade so ein komisches Buch, in dem die Autorin behauptet, dass uns letztendlich nichts glücklich machen kann. Auch nicht Yoga und so 'n Zeug. Was denkst du darüber?« Bauen Sie damit eine Brücke zu Ihren Mitmenschen und bringen Sie etwas über die Glückssuche der anderen in Erfahrung. Das kann ungemein entlastend sein und die Illusion des Glücks entlarven.

# TEIL II

## Wie Sie das Leben neu entdecken

# KAPITEL 6

## Das Leben einladen

*Wir könnten all die Wunder und Schrecken der
Phänomene nicht erleben, wenn wir nicht die Fähigkeit
hätten, sie wahrzunehmen.*

YONGEY MINGYUR RINPOCHE

Man kann die Botschaft dieses Buchs leicht missverstehen, etwa so: Das Glück gibt es nicht, alles ist sinnlos, egal, was Sie tun, Sie werden sich niemals besser fühlen. Insbesondere nach den letzten Kapiteln könnten Sie etwas deprimiert sein. Das ist großartig! Unsere »Irrwege zum Glück« hatten nämlich genau diesen Zweck.

Den Zustand, den ich versucht habe, bei Ihnen zu erzeugen, nennt man in der Psychologie *Creative Hopelessness*. Ich mag diesen Begriff, weil diese beiden Wörter für uns überhaupt nicht zusammenpassen wollen.

Kreativ zu sein, verbinden wir mit Leben, Einfallsreichtum, Produktivität. Und Hoffnungslosigkeit? Mit Leere, Stagnation, Traurigkeit.

Was hat es damit auf sich? Um diese Frage zu beantworten, stellen Sie sich abschließend zu den Kapiteln über die »Irrwege zum Glück« bitte folgende Fragen:

Was haben Sie persönlich unternommen, um das Glück zu finden?

Hat es funktioniert?

Was hat Sie Ihre bisherige Glückssuche gekostet?

Welche anderen Erfahrungen haben Sie durch Ihre Glückssuche abgelehnt oder verpasst?

Wenn Sie das Glück bereits gefunden hätten, würden Sie dieses Buch wohl kaum lesen. Und wenn ich es gefunden hätte, würde ich es nicht schreiben. Wir haben es also beide nicht geschafft, dauerhaft glücklich zu werden, und deshalb macht uns die Beantwortung der obigen Fragen ziemlich hoffnungslos.

Creative Hopelessness meint zum einen genau das: dass wir uns darüber klar werden, dass unsere bisherigen Versuche, unser Leben dauerhaft zu verbessern, gescheitert sind. Unsere Unzufriedenheit wird durch unsere Bemühungen nicht ein für alle Mal ad acta gelegt – sie wächst sogar, wenn wir sie bekämpfen.

Gleichzeitig liegt in diesem Gefühl aber auch die Möglichkeit, etwas ganz Neues zu erschaffen, unser Leben vollkommen ungewohnt zu entdecken. Endlich sind wir so ratlos und erschöpft, dass wir die Jagd nach dem Glück aufgeben, wir müssen uns nicht länger frustrieren und enttäuschen. Aber was fangen wir nun mit unserem Leben an?

Wahrscheinlich haben Sie gemerkt, dass dieses Buch noch einiges zu bieten hat – jetzt wissen Sie, warum: In der Erkenntnis der Hoffnungslosigkeit liegt im wahrsten Sinn etwas Wertvolles verborgen.

Sie verfügen über ein ungeahntes Potenzial, dieses Leben auszukosten und ihm eine tiefe Bedeutung zu verleihen, ungeachtet dessen, was Sie leisten oder erreichen. Sind Sie neugierig?

Dann lassen Sie uns das Leben gemeinsam neu entdecken.

## Schokoladenseiten und Nicht-Schokoladenseiten

Sie wissen genauso gut wie ich, dass das Leben nicht nur Schokoladenseiten hat: Da wären nämlich die kleinen täglichen Stimmungstiefs, Lustlosigkeit, Langeweile, Frustration, grundlegende Unzufriedenheit, Stress, Wut, Hilflosigkeit, Gefühle der Wertlosigkeit, tiefe seelische Schmerzen und Verletzungen, Trauer, nagende Sorgen, Angst vor Einsamkeit, Krankheit und Tod – ich könnte die Liste noch fortsetzen, und Sie sicherlich auch.

Der Grund, warum wir das Glück überhaupt suchen, ist, dass wir nicht wissen, wie wir mit diesen Nicht-Schokoladenseiten umgehen sollen. Das Leben kann so furchtbar furchtbar sein! Wie um alles in der Welt sollen wir damit zurechtkommen, ohne die Aussicht, dass wir nur an der richtigen Schraube drehen müssen, und – zack! – alles wird perfekt?

Wir können diese Hoffnung auf das Glück nur aufgeben, wenn wir unserer Fähigkeit vertrauen, die Nicht-Schokoladenseiten des Lebens meistern zu können. Genau um die Entdeckung dieser Fähigkeit wird es hier deshalb gehen.

Nehmen wir unsere Lebenskrisen mal etwas auseinander. Eigentlich sind es gar nicht die schwierigen Ereignisse oder Situationen, die problematisch sind, sondern die Gedanken und Gefühle, die wir in Verbindung mit ihnen hegen. Überlegen Sie: Dass der Mensch, den Sie auf der Welt am meisten lieben, eines Tages sterben wird, ist zunächst nichts weiter als ein Fakt. Diese Tatsache wird erst dadurch schlimm, dass wir darüber nachdenken können und in uns Gefühle dazu auftauchen. Diese Gedanken und Gefühle sind alles andere als angenehm. Sie sind sogar *so* unangenehm, dass wir uns regelrecht vor ihnen fürchten. Wir haben also keine Angst vor dem, was passiert, sondern vor unseren eigenen unangenehmen Gedanken und Gefühlen!

Diese Furcht lähmt uns und verhindert, dass wir uns jeden Tag aufs Neue neugierig ins Leben stürzen – und sie führt dazu, dass wir selbst die Schokoladenseiten des Lebens nicht mehr voll und ganz genießen können.

Ute möchte sich zum Beispiel nicht mehr auf eine Beziehung einlassen, weil sie Angst davor hat, verletzt zu werden. Indem sie versucht, ihr Leiden zu vermeiden, verwehrt sie sich selbst der Möglichkeit, die schönen Aspekte einer Partnerschaft zu erleben. Oder Ralf, der ein begnadeter Sänger ist, aber mit seinem Gesang niemanden erfreuen kann, weil er aus schrecklicher Versagensangst keine Bühne betritt.

Viele Menschen vermeiden es auch, Freunden oder Verwandten in schwierigen Lebenslagen beizustehen, weil sie nicht mit ihrer eigenen Verletzlichkeit konfrontiert werden möchten. Sie scheuen sich davor, mit bestimmten Themen in Berührung zu kommen, und verwehren sich damit der Nähe, Intimität und dem Mitgefühl, das in solchen Situationen entsteht. Stattdessen wenden sie sich ab. Mir ist mehr als ein Fall bekannt, in dem die betreffende Person es nicht geschafft hat, einen sterbenskranken Angehörigen zu besuchen – oder zu dessen Beerdigung zu gehen.

Geht es um andere, können wir diese unangenehmen Situationen vielleicht noch von uns fernhalten, aber früher oder später ereilt uns selbst ein unliebsames Schicksal, und wir können unsere Gedanken und Gefühle nicht mehr vermeiden. Deshalb ist es ratsam, der Angst vor ihnen die Grundlage zu entziehen und Möglichkeiten kennenzulernen, ihnen zu begegnen. Wenn Sie das können, hat das viele Vorteile:

- Sie müssen die Illusion des Glücks nicht länger aufrechterhalten und bringen Ihrem eigenen Leben damit automatisch eine Wertschätzung entgegen.
- Sie entdecken ganz neue Facetten Ihrer Persönlichkeit und vertiefen Ihre Erfahrung davon, was es heißt, am Leben zu sein.
- Sie können der Mensch sein, der Sie wirklich sein möchten, und auch in schwierigen Situationen für sich selbst und andere da sein.
- Sie erlangen ein ungeahntes Maß an Authentizität, Selbstvertrauen, Souveränität, Lebensfreude und Gelassenheit.

## Fight, Flight, Fright

Überlegen Sie sich bitte, wie Sie normalerweise mit unangenehmen Gedanken und Gefühlen umgehen. Angenommen, Sie haben sich mit Ihrem Bruder gestritten, weil er sich weigert, Ihnen beim Umzug zu helfen. Sie sind wütend, enttäuscht, werten ihn in Ihren Gedanken ab, bis Sie schließlich ein schlechtes Gewissen bekommen. Sie beginnen, mit sich zu hadern, fragen sich, was in Ihrer Familie schiefläuft und warum es immer wieder diese Auseinandersetzungen gibt. Zusätzlich haben Sie tatsächlich Sorge, wie Sie das mit dem Umzug schaffen sollen. Sie fühlen sich hilflos. Wenn Ihnen noch nicht einmal die eigene Familie unter die Arme greift – wer dann? Sie durchleben also ein ganzes Sammelsurium aus unangenehmen Gedanken und Gefühlen.

Ihr Kopf hat schon begonnen, den inneren Knoten irgendwie lösen zu wollen, indem Sie die Situation analysieren (warum passiert das immer wieder?) und die Schuld bei sich suchen (warum will *mir* niemand helfen?). Außerdem fühlen Sie sich schlecht, weil Sie wütend auf Ihren Bruder waren und vielleicht sogar dachten: Dieser dämliche Idiot, ich hasse ihn! Ich meine, wer denkt so etwas über seinen eigenen Bruder? Sie finden sich geradezu hartherzig und maßlos aufbrausend. Sie fangen unbewusst damit an, mit Ihren Gefühlen und Gedanken zu diskutieren. Mal ist Ihr Bruder schuld, mal Sie, mal sind Sie beide unfähig. Sie produzieren mehr und mehr unangenehme Gedanken und Gefühle. Ganz automatisch. Aus Ihrem Versuch, Ihr Erleben zu verändern, wird der Nährboden für eine innere Debatte, die an der Situation nichts ändert und die es Ihnen zudem nicht ermöglicht, das Problem konstruktiv anzugehen.

Diese Reaktionen sind vollkommen normal. Der US-amerikanische Physiologe Walter Cannon beschrieb, wie Lebewesen sich in Gefahrensituationen verhalten: Entweder sie beginnen einen Kampf (*fight*), oder sie nehmen die Beine in die Hand und flüchten (*flight*). Der britische Psychologe Jeffrey Alan Gray erweiterte diese Reaktionsmuster noch um die Möglichkeit, in eine Art Furchtstarre (*fright*) zu verfallen und bewegungslos zu werden. Kommt Ihnen das bekannt vor? Genau so verhalten wir uns, wenn wir uns von unseren Gedanken oder Gefühlen bedroht fühlen. Wir versuchen sie zu bekämpfen, indem wir sie umdeuten, analysieren oder mit positivem Denken auszumerzen versuchen. Wir flüchten vor ihnen und lenken uns ab, wir spielen Computer, sehen fern, trinken Alkohol oder nehmen sogar Drogen und Medikamente. Oder wir »erstarren«, sind verzweifelt und wissen überhaupt nicht mehr, was wir tun sollen. All das sind *natürliche* Reaktionen. Mit diesen Mechanismen hat uns die Natur ausgestattet, um unangenehmes Erleben abzuwehren. Wir wollen bestimmte unangenehme Erfahrungen nicht machen, nicht denken, was wir denken, und nicht fühlen, was wir fühlen. Diese verschiedenen Vermeidungsstrategien sind Formen eines übergeordneten psychologischen Konzepts, das wir uns etwas näher anschauen sollten.

## Erlebensvermeidung

Unter *Erlebensvermeidung* (engl. *experiential avoidance*) versteht man nach dem US-amerikanischen Psychologen, Professor und Autor Steven C. Hayes »den Versuch, Gedanken, Gefühle, Erinnerungen, körperliche Empfindungen und andere Erfahrungen zu vermeiden, sogar wenn das langzeitlich negative Folgen hat.«

Erlebensvermeidung ist uns bestens vertraut. Wir haben Angst, vor vielen Leuten zu sprechen, und verzichten auf öffentliche Auftritte. Wir möchten uns nicht streiten und vermeiden deshalb bestimmte Personen. Wir haben keine Lust auf Anstrengung und gehen nicht zum Sport.

Ist das problematisch?

Keineswegs. Solange Erlebensvermeidung für uns in Ordnung ist, müssen wir uns keine Gedanken darüber machen. Wenn wir aber unsere Karriere behindern, weil wir uns vor Präsentationen scheuen, Beziehungen zu Bruch gehen, weil wir uns nicht mehr mit dem anderen auseinandersetzen, oder wir durch Bewegungsmangel körperlich krank werden, dann sollten wir Wege finden, wie wir den Teufelskreis durchbrechen. Teufelskreis? Ganz genau!

Erlebensvermeidung bringt uns nämlich kurzfristig Erleichterung – Gott sei Dank müssen wir beim Meeting nicht vorne stehen und etwas sagen! –, dadurch wird unser Verhalten verstärkt und aufrechterhalten, auch wenn es uns *langfristig* gesehen Nachteile bringt.

Eine interessante Tatsache ist, dass Erlebensvermeidung zum Beispiel dazu führt, dass wir weniger positive Erlebnisse haben. Stellen Sie sich vor: Beim Versuch, uns von allem Unangenehmen fernzuhalten, entgeht uns das Angenehme! Angenommen, Sie haben den Film *Titanic* zu oft gesehen und nun Angst, ein Schiff zu betreten. Dadurch verpassen Sie das wunderbare Gefühl, an Deck eines Boots zu stehen, Fische zu beobachten, sich treiben zu lassen und sich frei zu fühlen.

Außerdem geht Erlebensvermeidung mit mentalen Belastungen und Sorgen einher. Wer ständig darüber nachdenkt, *was* er *wie* vermeiden muss, ist beunruhigt und leidet. Kaum verwunderlich, dass zahlreiche Studien den Zusammenhang zwischen Erlebensvermeidung und Psychopathologie belegen. Selbst Suizid kann eine Form der Erlebensvermeidung sein – die Entscheidung, unangenehme Gedanken und Gefühle nicht länger zu ertragen und keinen anderen Ausweg mehr zu wissen. Es ist bedrückend. Es gibt nämlich schlicht keinen Ausweg aus unangenehmen Gedanken und Gefühlen. Wenn Sie versuchen, einen Gedanken oder ein Gefühl zu unterdrücken, taucht er oder es öfter und mit unangenehmerer Intensität wieder auf; das wurde experimentell bewiesen.

Doch wir können lernen, *effektiver* mit unseren Gedanken und Gefühlen umzugehen. Dafür müssen wir dieser unbequemen Tatsache ins Auge sehen: Unsere »natürlichen« Strategien, unsere unerwünschten Gedanken und Gefühle zu bändigen, sind alle zum Scheitern verurteilt. Noch dazu können sie uns immer tiefer in den Sumpf aus unangenehmen Empfindungen sinken lassen.

## Das unsichtbare Monster

Ich möchte Ihnen meine persönliche Version dieses Sumpfs beschreiben. Schon als Kind wurde ich von schrecklichen Gedanken verfolgt. Im Kindergarten erzählte mir eine Freundin, dass sie auf einem Markt war und dort einem Pferd geradewegs in die Stirn geschossen wurde. Wochenlang tauchte diese Szene vor meinem inneren Auge auf, obwohl ich sie weder selbst gesehen hatte noch wusste, ob sich diese Sache tatsächlich zugetragen hatte. Wenn meine Freunde damit angaben, welche Horrorfilme und Krimis sie zu Hause sehen durften, und mir detailreich davon erzählten, ließ mein Kopf diese Bilder dermaßen lebendig werden, dass ich nachts nicht mehr schlafen konnte. Ich hatte Angst. Ich will Sie nicht mit meinen Kindergartengeschichten langweilen, ich möchte Ihnen damit sagen, dass ich es seit jeher gewohnt bin, mich von meinen eigenen Gedanken und Gefühlen verfolgt zu fühlen. Es ist, wie von seinem eigenen Schatten gejagt zu werden! Eine ziemlich quälende Angelegenheit, die einen geradezu zur Verzweiflung treiben kann.

Auch heute noch kann ich mir nur schlecht die Nachrichten ansehen. Wenn dort von Krieg und Terrorismus berichtet wird, ist es für mich, als wären die Panzer geradewegs in mein Wohnzimmer gefahren. Ich kann diese Schrecklichkeiten und unerklärlichen Ungerechtigkeiten nicht von mir fernhalten.

Im Laufe der Zeit erlebt man auch im eigenen Umfeld Schicksalsschläge und Tragödien. In meiner Abiturzeit hat eine meiner Klassenkameradinnen Selbstmord begangen. Ich kann noch nicht einmal sagen, dass ich gut mit ihr befreundet gewesen war, trotzdem war ich so geschockt, dass mir

diese Tatsache in Gefühlen und Gedanken jahrelang nach-
ging. Unser Kopf funktioniert wie ein Computer, diejenige
Datei, die wir zuletzt benutzt haben, wird uns immer wieder
vorgeschlagen. Irgendwann kommt es einem so vor, als gäbe
es nur noch diese negativen Gedanken und Gefühle.

Es gab Zeiten in meinem Leben, da wurde ich geradezu von
meinem eigenen Kopf gefangen genommen und hatte keine
Ahnung, wie ich es schaffen sollte, auszubrechen. Ich konnte
mich fast auf nichts anderes mehr konzentrieren. Psychologisch gesprochen litt ich wohl unter Zwangsgedanken –
Gedanken, die immer wieder auftauchten und psychisches
Leiden verursachten. Hinzu kam, dass mich nicht nur die Gedanken selbst störten, sondern auch die *Gedanken über meine
Gedanken*. Ich war nämlich schnell der Überzeugung: »Das
ist nicht normal. Irgendetwas stimmt mit mir ganz gewaltig
nicht. Ich bin vollkommen irre.«

Ich identifizierte mich lange mit diesen Ansichten über
mich selbst, was die Sache nicht unbedingt besser machte.
Eine Therapeutin riet mir, die mich störenden Gedanken einfach konsequent aus meinem Erleben zu verbannen. Rauszu-
schmeißen, wie einen pöbelnden Betrunkenen aus einem Restaurant. Ich habe es versucht. Vielleicht wissen Sie bereits,
wie erfolgversprechend es ist, die eigenen Gedanken aus dem
Kopf zu verbannen. Es ist ungefähr so, als würden Sie Wasser
die Nässe ausreden wollen.

Ich las zahlreiche Selbsthilfebücher, und alle Autoren sug-
gerierten mir, dass es möglich wäre, durch positives Denken
meine Gedanken und damit auch meine Gefühle zu verändern. In einem Bestseller zum Thema Glück stieß ich auf eine
Metapher, die darauf basierte, dass wir so etwas wie ein »in-
neres Fotoalbum« haben. Dies sollten wir so gestalten, wie
wir auch reale Fotoalben arrangierten, mit fröhlichen Bildern.

Wortwörtlich hieß es dort: »Löschen Sie Ihre unangenehmen Erinnerungen. Schmeißen Sie sie auf den Müll. Sie gehören nicht in dieses Album. Ersetzen Sie sie durch positive Erinnerungen wie die, die Sie in Ihrem ›echten‹ Fotoalbum auch haben. Kleben Sie das Glück hinein, das Sie empfanden, als Sie sich wieder mit Ihrem Partner versöhnt haben, einen unerwarteten Moment echter Freundlichkeit und jede Gelegenheit, bei der sich die Wolken teilten und die Sonne mit außergewöhnlicher Schönheit dazwischen hervortrat.«

Ein gutes Stichwort für einen weiteren Ratschlag, der mir oft begegnete. Ich sollte meine Gedanken doch einfach ziehen lassen, »wie Wolken an einem blauen Himmel«. Diese Übung machte mich geradezu aggressiv, weil dauernd die gleiche verdammte Wolke über den Himmel zog! Ich wurde fast wahnsinnig. Ich dachte: In welcher Welt lebt ihr eigentlich, dass ihr eure Gedanken »löschen«, mit »positiven ersetzen« oder sie einfach »vorbeitreiben« lassen könnt?

Glücklicherweise ist ja nichts für die Ewigkeit, noch nicht einmal mein gedanklicher Krimi, sodass es Zeiten gab, in denen ich mich gewissermaßen erholen konnte. Doch prinzipiell erging es mir bald wieder ähnlich, und ich stellte mir erneut die Frage: Wie soll ich das bloß in meinem eigenen Kopf aushalten?

Bestimmt haben Sie nicht dieselben Erfahrungen gemacht wie ich, aber unter unangenehmen Gedanken und Gefühlen haben Sie mit Sicherheit schon gelitten. So können Sie mit Süchten zu kämpfen haben oder mit Verlustängsten, Sie sind grundlos traurig, einsam oder eifersüchtig, haben Liebeskummer, erleiden Wutausbrüche, machen sich ständig Sorgen oder denken über den Tag verteilt immer wieder »Die anderen sind viel glücklicher als ich. Irgendetwas mache ich falsch.« Vielleicht leben Sie auch mit einem emotionalen

»Taubheitsgefühl« und haben kaum Zugang zu dem, was Sie denken und fühlen.

Jeder von uns hat seine persönliche Geschichte.

Im Grunde ist es eine tragische Sache, dass Gedanken und Gefühle nichts Sichtbares sind wie etwa ein großer Felsbrocken, der auf uns zurollt – und trotzdem können wir uns unglaublich bedroht von ihnen fühlen. Die Unsichtbarkeit macht alles fast noch schlimmer! Nirgendwo sind wir sicher, zu jeder Zeit können wir von ihnen überfallen werden. Aber wenn unsere Gegner aus *nichts* bestehen, warum fürchten wir uns überhaupt so? Wenn wir Angst haben, traurig sind oder wütend, wenn wir wiederholt denken: Ich bin fett und hässlich! – warum stört uns das? Eine ungewöhnliche Frage, oder? Um das Leben neu zu entdecken, müssen wir uns solche Fragen stellen. Was kümmert es Sie also, dass Sie das Glück nicht finden und es Ihnen schlecht geht?

## Warum wir unsere »schlechten« Gedanken und Gefühle ablehnen

Es gibt dafür drei Gründe. Der Hauptgrund: Sie *glauben* das, was Sie denken. Wenn Sie denken: Ich bin fett und hässlich!, *glauben* Sie, dass Sie fett und hässlich sind. Dabei haben Sie es bloß gedacht. Wir verwechseln unsere Gedanken mit der Realität. Dieses Phänomen wird erst durch Sprache ermöglicht. Nehmen Sie an, Sie hätten nicht die Fähigkeit, sprachlich zu denken. Nahezu alle unsere »Probleme« würden sich unmittelbar in Luft auflösen, wir könnten unseren inneren Monolog nicht mehr führen. Der indische Philosoph Nagarjuna sagte: »Was Sprache ausdrückt, existiert nicht. Die Sphäre der Gedanken ist nicht-existent.«

Betrachten Sie Ihr Erleben einmal unter diesem Blickwinkel. Natürlich lösen sich damit nicht alle unsere Probleme in Luft auf, aber wir können etwas Abstand zu ihnen gewinnen. Wir werden später auf diesen Punkt zurückkommen.

Der zweite Grund, warum wir uns an unseren unangenehmen Gefühlen und Gedanken stören, ist, dass wir biologisch darauf programmiert sind, dass unser Leben optimal verlaufen soll. Sie erinnern sich, die Evolution möchte gerne alle Probleme gelöst sehen, um Ihnen die bestmöglichen Überlebenschancen zu ermöglichen. Negative Gedanken und Gefühle zu haben ist in diesem Fall ein Problem.

Drittens haben wir genau diese Tatsache erlernt. Es ist falsch, sich »schlecht« zu fühlen und »schlecht« zu denken. Wir haben Angst, dass unsere »schlechten« Gedanken und Gefühle zu einem furchtbaren Leben führen, indem wir es zu nichts anderem außer Trübsal bringen. Diese Ansicht spiegelt sich in Lebensweisheiten wider, die ungefähr so lauten: »Achte auf deine Gedanken, denn sie sind der Anfang deiner Taten.« Oder: »Das Glück deines Lebens hängt von der Beschaffenheit deiner Gedanken ab.«

So etwas in der Art schon mal gehört?

Sehr gut. Dann versehen Sie diese Sätze bitte mit dem Vermerk: vollkommener Mist. Es stimmt nicht. Gedanken sind *nicht* der Anfang unserer Taten und müssen rein gar nichts mit unserer Lebensführung zu tun haben. Ich beweise Ihnen das.

Denken Sie sich bitte, dass Sie sich jetzt Ihre Schuhe anziehen, zum Supermarkt fahren oder laufen und eine Flasche Ketchup kaufen. Fassen Sie gedanklich den Beschluss, das in diesem Moment zu tun. Malen Sie sich Ihre Gedanken schön plastisch aus, stellen Sie sich vor, wie Ihr Supermarkt aussieht, wie Sie den Ketchup aus dem Regal nehmen, bezahlen und nach Hause tragen. Dann stellen Sie sich in die Badewanne, öffnen die Flasche, riechen genüsslich an ihrem Inhalt und gießen sich die rote Masse über den Kopf, während Sie »Yellow Submarine« von den Beatles singen. Beschließen Sie gedanklich, das alles jetzt zu tun.

Ich würde mich sehr wundern, wenn Sie diesen Satz lesen, während Sie sich Ihre Schuhe anziehen. Alles andere wäre katastrophal! Nur weil Sie meiner merkwürdigen Anweisung gedanklich gefolgt sind, heißt das nicht, dass Sie sie in die Tat umsetzen.

Vielleicht ist das wieder meine persönliche Besonderheit, aber ich habe mir schon einige Male vorgestellt, wie ich jemandem den Hals umdrehe. Noch sitze ich deshalb nicht in Untersuchungshaft. Um etwas konkreter zu werden: Ich steckte mal in einer schwierigen Beziehung fest, in der ich mich ständig über meinen damaligen Partner ärgerte. Als er morgens ins Bad ging, ertappte ich mich dabei, wie in mir der Gedanke auftauchte, ein Messer aus der Küche zu holen und ihn abzustechen – hinterrücks in der Dusche! Ich fühlte mich schrecklich. Ich wollte diesen Gedanken nicht, ich fand ihn furchtbar, und er hatte mit meiner Realität (in der ich keiner Fliege etwas zuleide tue) auch gar nichts zu schaffen. Aber: Er tauchte trotzdem auf. Mein Steinzeitgehirn suchte wahrscheinlich nach irgendeiner Möglichkeit, diesen Typen loszuwerden, und spielte kurz dieses Szenario durch. Trotzdem war ich sehr gut in der Lage, nicht danach zu handeln.

So etwas haben Sie noch nie gedacht? Vielleicht kennen Sie aber Folgendes: Wenn Sie hoch oben sind, auf dem Eiffelturm oder noch höher in einem Flugzeug, oder mit dem Auto in den Bergen nahe einem Abhang entlangfahren – ist Ihnen da schon mal der Gedanke aufgetaucht, herunterzufallen?

Vielleicht haben Sie sich den Sturz für einige Sekunden sogar richtig ausgemalt. Auch hier wollte Ihr Gehirn Sie lediglich auf eine Gefahr hinweisen und hat Ihnen dieses Bild geliefert. Manchmal verfolgen uns solche filmähnlichen Sequenzen auch über längere Zeit. Ein Bekannter erzählte mir einmal, dass er eine ganze Woche lang ein merkwürdiges Bild davon im Kopf gehabt hätte, dass er sich in den Finger schnitt. Er wusste überhaupt nicht, warum es ihn verfolgte, es irritierte ihn wahnsinnig.

Und um ein weiteres Beispiel zu nennen: Eine befreundete Therapeutin saß mit einem Freund auf ihrem Balkon, und das Gespräch flachte irgendwie ab. Sie hätte es begrüßt, dass ihr Besuch langsam ging, aber er machte keine Anstalten dazu. Sie langweilte sich, und ihr Blick fiel auf einen Strick, der vom über ihr liegenden Balkon baumelte. Sie ahnen es – in ihr tauchte für einige Sekunden das Bild auf, sich aufzuhängen! Vor Langeweile!

Solange wir uns nicht an diesen Bildern stören und wir deswegen auf sie eingehen, werden solche Gedanken nicht zum Problem für uns. Aber nehmen Sie nur mal an, Sie müssten ständig daran denken, dass Ihrem Kind auf dem Nachhauseweg etwas zustoßen könnte. Zuerst sind es vielleicht nur flüchtige Eingebungen, doch bald werden kleinere Geschichten daraus, die Sie mehr und mehr ängstigen. Und wenn Ihr Kind dann eine halbe Stunde später kommt als sonst, geraten Sie in Panik. Oder Sie sind in einer Beziehung, und Ihr Gehirn beginnt plötzlich, von einer anderen Person zu fantasieren. Immer wieder ertappen Sie sich dabei, wie Sie an diese Person denken, und bald fragen Sie sich: »Ist das in Ordnung? Bin ich in diese Person verliebt, oder liebe ich meinen Partner noch? Warum muss ich immer wieder an XY denken? Ich will das nicht!«

Und ehe Sie sichs versehen, haben Ihre Gedanken und Gefühle Sie vollkommen eingesponnen.

Wenn Sie nicht wissen, wie Sie mit solchen oder ähnlichen Gefühlen und Gedanken umgehen können, können sie Ihnen das Leben zur Hölle machen. Diese Aussicht ist wenig verlockend. Deshalb möchte ich Sie an dieser Stelle nochmals an den Sinn und Zweck dieses Kapitels erinnern: Es geht nicht darum, dass ich Sie dazu ermuntern will, sich Ihrem unangenehmen Erleben hinzugeben, weil es unvermeidbar ist. Ich möchte Sie darin bestärken, alle Facetten Ihres Lebens kennenzulernen, und Ihnen versichern, dass Sie fähig dazu sind, sie beruhigt so sein zu lassen, wie sie sind. Sie brauchen Ihre Vorstellung vom Glück nicht. Doch wenn wir unser Erleben weder bekämpfen noch vor ihm fliehen und uns ihm gleichzeitig nicht ergeben und in ihm versinken – was tun wir dann?

## Die Mütze

Es gibt noch einen vierten Grund, warum uns unangenehme Gedanken und Gefühle so sehr stören: Wir setzen sie mit unserer Person gleich. Wir wollen keine betrügenden Partner, ängstlichen Eltern, verrückten Psychopathen oder zu Tode gelangweilten Selbstmörder sein. Solange wir aber der Meinung sind, dass unsere Gedanken und Gefühle unser Wesen ausmachen und unser Leben bestimmen, müssen wir selbstverständlich einen Großteil unserer Erfahrungen unterdrücken, verändern, bekämpfen oder vor ihnen fliehen.

In der Zeitschrift *Psychologie Heute* las ich kürzlich einen zutreffenden Satz: »Niemand wird in die Psychiatrie eingewiesen, weil er denkt, er werde von dunklen Mächten verfolgt.« Das soll bedeuten: Es kommt überhaupt nicht darauf an, was wir denken oder wie oft wir es denken, sondern wie wir darauf reagieren. Selbst wenn Sie den ganzen Tag selbstverletzende, aggressive oder paranoide Gedanken haben – wenn Sie es schaffen, nicht weiter auf sie einzugehen, können sie Ihr Leben in keiner Weise beeinflussen.

Probleme entstehen, sobald wir anfangen, uns mit unseren Gedanken und Gefühlen zu identifizieren; in der Fachsprache heißt es, wenn wir mit ihnen verschmelzen (engl. *fuse*). Das Knifflige daran ist: Wir bemerken es meistens gar nicht.

Stellen Sie sich vor, Sie tragen die ganze Zeit eine Mütze auf dem Kopf, ohne es zu wissen. Genauso sind Sie der Annahme, Ihre Gedanken und Gefühle sind *Sie*. Schon René Descartes, dieser französische Rationalist, ging der Sache auf den Leim, als er feststellte: »Ich denke, also bin ich.«

Das stimmt nämlich nicht. Unsere Existenz ist nicht gleichzusetzen mit unserem Denken, und Sie sind keinesfalls gezwungen, Rückschlüsse von Ihren Gedanken auf Ihre Person zu ziehen. Ihr Gehirn produziert fortlaufend Gedanken und Gefühle, selbst wenn Sie schlafen. In ähnlicher Weise läuft das am Tage ab. Ihr Gehirn liefert Ihnen mögliche Lösungen für Probleme (teilweise sehr absurde, erinnern Sie sich an mein Dusch-Szenario). Es fantasiert sich andere Partner herbei, es malt sich die Zukunft aus, urteilt über die Vergangenheit, warnt bildlich oder verbal vor Gefahren, macht Ihnen Handlungsvorschläge und bewertet sich selbst.

Stellen Sie sich eine kochende Suppe vor. Da ist ein riesiger Topf, in dem alles Mögliche herumschwimmt: Fischgräten, Kartoffeln, Garnelen, Tomaten, Knochen, Hühnerfüße, Ingwer, Chilischoten, Lorbeerblätter, Brotscheiben – und vieles mehr. Die Suppe kocht, und ständig werden ohne Ihr Zutun andere Zutaten an die Oberfläche befördert. Natürlich können Sie noch mehr Zeug in die Suppe schmeißen, oder sich das, was Ihnen schmeckt, herausnehmen, wenn es zutage tritt. Aber trotzdem kommen natürlich immer wieder ungenießbare Bestandteile zum Vorschein, die Ihnen nicht schmecken. Genauso funktioniert es bei Ihrer »Gedankensuppe« – Ihr Gehirn bietet Ihnen pausenlos etwas an, und nicht alles (meistens sogar ziemlich wenig) davon ist brauchbar.

Dass Ihr Gehirn eine Art Eigenleben führt, können Sie jeden Tag erleben. Es folgt Automatismen und filtert zum Beispiel ohne Ihr Einverständnis Ihre Wahrnehmung. Sie bemerken nicht mehr, wie Sie beim Autofahren in den nächsten Gang schalten oder Ihre Haustür abschließen. Die Dinge, an die Sie sich erinnern können, haben Sie sich auch nicht bewusst ausgewählt, und das Vergessen entzieht sich ebenso Ihrem bewussten Einflussvermögen. Genauso ist es mit dem willkürlichen Auftauchen von Gedanken und Gefühlen. Natürlich können Sie ganz bewusst einen Satz denken, aber Ihr Gehirn hat bestimmt eine Antwort parat, die Sie nicht unbedingt geplant haben – oder um noch einmal die Suppen-Metapher zu bemühen: Klar können Sie einen Champignon in die Suppe schmeißen, trotzdem kocht vielleicht als Nächstes eine Zwiebel hoch.

Solange Sie sich mit den Zutaten der Suppe, das heißt Ihren Gedanken und Gefühlen, identifizieren, bestimmen sie Ihr Selbstbild und können Ihr Handeln beeinflussen. Aber das *muss* keineswegs so sein! Wenn Sie zum Beispiel zu einem Vorstellungsgespräch eingeladen werden und denken: O mein Gott, ich kann das nicht, ich bin unfähig, werden Sie dort eventuell nicht hingehen. Wenn Sie Ihre Identifikation lockern, können Sie im Vorstellungsgespräch sitzen und *dabei* denken: O mein Gott, ich kann das nicht, ich bin unfähig. Diese Sätze haben aber keinerlei Einfluss auf Sie. Es sind bloß

Worte. Sie lassen Ihr Gehirn einfach sein Programm abspulen, und währenddessen sprechen Sie unbeirrt mit Ihrem zukünftigen Chef.

Lassen Sie die Suppe kochen. Es ist mühselig, mit Ihrem Gehirn zu diskutieren. Gehirne sind evolutionär bedingt ängstlich, sorgenvoll und wahnsinnig kritisch. Es nützt auch nichts, die negativen Gedanken mit positiven zu überdecken, das wird Sie bloß zu sehr einnehmen und raubt Ihnen die Energie – das ergab eine Studie der New York University, in der man die Teilnehmer bat, positiv über die Zukunft zu fantasieren. Eine andere der University of Waterloo und der University of New Brunswick untersuchte die Auswirkungen positiver Affirmationen. Das überraschende Ergebnis: Probanden mit einem niedrigen Selbstwert, die Sätze wie »Ich bin eine liebenswerte Person« wiederholten, fühlten sich nach dem Experiment noch schlechter. Entgegen der weitverbreiteten Überzeugung, dass Optimismus und positives Denken zu einer Verbesserung der Befindlichkeit führen, weisen viele Forschungsergebnisse das Gegenteil nach. Es existieren sogar Studien, die Pessimismus und negatives Denken mit erhöhter Leistungsfähigkeit und persönlichem Wachstum in Verbindung bringen. Vergessen Sie also Ihre Vorstellungen von »positiver Psychologie«, es wird Ihnen im Endeffekt nichts nützen, Ihre unangenehmen Gedanken mit angenehmen zu bekämpfen. Das ist bloß so, als würden Sie in Ihre Gedankensuppe noch etwas Zucker streuen.

Und was das Weglaufen vor solchen Gedanken und Gefühlen angeht – nun ja, kurzfristig verschafft es Ihnen vielleicht Erleichterung, das Vorstellungsgespräch abzusagen, aber langfristig wird sich Ihr Vermeidungsverhalten auf Ihr Selbstbewusstsein, Ihre Stimmung und Ihren beruflichen Erfolg niederschlagen.

Der erste Schritt in Richtung »Defusion«, also dem Lockern der Identifikation mit Ihren Gedanken und Gefühlen, besteht darin, dass Sie sich der Mütze auf Ihrem Kopf bewusst werden und Sie abnehmen. Wie das möglich ist?

Treten Sie gefühlt einen Schritt zurück, hören Sie Ihren Gedanken zu, als würden Sie einem Gespräch lauschen. Wo befinden sich Ihre Gedanken? Vor Ihnen? In Ihnen? Hinter Ihrer Stirn oder im gesamten Kopfbereich? Irgendwo anders in Ihrem Körper? Und wie hört sich die Stimme Ihrer Gedanken an? Ist es Ihre eigene Stimme? Verändert sie Ihre Stimmlage, oder ist sie gleichbleibend? Machen Sie sich bewusst, dass Ihre Gedanken aus Worten bestehen und diese aus zusammengesetzten Buchstaben. Wenn Sie dieselben Buchstaben anders formieren, ergibt sich plötzlich eine neue Bedeutung. Können Sie die Worte, Buchstaben und Bedeutungen voneinander trennen? Wie wirkt sich das auf die Glaubwürdigkeit Ihrer Gedanken aus?

Wenn Sie innere Bilder, Erinnerungen, Wahrnehmungen entdecken, wie sehen diese aus? Versuchen Sie jedes Detail zu erkunden, als würden Sie sie zum ersten Mal bemerken. Verfahren Sie genauso mit Ihren Gefühlen. Wo sind sie lokalisiert? Wie fühlt es sich an, Angst zu haben oder wütend zu sein? Wird Ihnen heiß oder kalt? Spüren Sie einen Bewegungsdrang oder erstarren Sie?

Vielleicht bemerken Sie, dass sich nur durch den Prozess des Beobachtens eine Distanz zu Ihren Gedanken und Gefühlen einstellt, die Ihnen etwas Freiraum verschafft – ohne dass die Gedanken und Gefühle verschwinden.

Bevor Sie den nächsten Abschnitt lesen, versuchen Sie sich zumindest einen Gedanken so anzusehen, als wäre er ein Ihnen nicht vertrauter Gegenstand. Es muss gar kein »emotional geladener« Gedanke sein – Sie könnten auch mein absurdes Ketchup-Szenario noch einmal gedanklich durchspielen und es dabei wie ein Außenstehender betrachten, als würden Sie einen (ziemlich grotesken) Film ansehen.

## Das Karussell

Vor nicht allzu langer Zeit unterhielt ich mich mit einer dreiundachtzigjährigen Frau, die unter Schlafstörungen litt. Sie erzählte, dass ihr »alle sieben Todsünden« einfallen, wenn sie nachts in ihrem Bett liegt, und sobald sie einmal wach sei, könne sie daher nicht mehr einschlafen. Ihre Gedanken, inneren Bilder und Gefühle seien zu schrecklich, sie fühle sich von ihnen gefangen genommen. Ich fasste ihre Beschreibungen zusammen und sagte: »Sie fühlen sich, als würden Sie sich mit Ihren Gedanken im Kreis drehen. Wie in einem Karussell.« Sie antwortete: »Ganz genau. Es ist schrecklich. Versuchen Sie mal, aus einem fahrenden Karussell auszusteigen!«

Ein unmögliches oder zumindest sehr gefährliches Unterfangen, oder?

Genau so fühlen wir uns, wenn es uns nicht so leicht gelingt, uns von unseren Gedanken und Gefühlen zu lösen. Einige Gedanken können wir mit etwas Übung tatsächlich wie eine Mütze abnehmen und uns ansehen – andere schleifen uns mit, als säßen wir in einem Kettenkarussell, an das wir mit einem Sicherheitsgurt gefesselt sind. Wir schweben hilflos in schwindelerregender Höhe über dem Erdboden. Ein schreckliches Gefühl. Es ist sinnlos, das Karussell anhalten zu wollen. Wir hoffen bloß, dass es irgendwann anhält und wir aussteigen können. Doch es gibt noch eine weitere Möglichkeit.

Wenn Sie sich an der Mützen-Übung versucht haben, ist es Ihnen womöglich gelungen, sich einige Gedanken oder Gefühle interessiert zu betrachten. Gut. Der logische Schluss, der aus diesem Vorgang folgt, ist: *Es gibt etwas, das betrachtet werden kann, und es gibt etwas, das betrachtet.* Sehen Sie sich mal in dem Raum, in dem Sie sich gerade befinden, um und gucken Sie sich einen Gegenstand aus. Angenommen, es ist Ihre Nachttischlampe. Sehen Sie sich diesen Gegenstand bitte für einige Sekunden an und registrieren Sie dabei, dass es in Ihnen etwas gibt, das diese Lampe bloß wahrnimmt, ohne sie als »Lampe« zu erkennen. Los geht's!

Wahrscheinlich hat Ihr Gehirn parallel zur Übung gleich ein paar Kommentare geäußert: »Was für eine selten dämliche Übung! Natürlich ist das meine Nachttischlampe, warum soll ich sie wahrnehmen? Kann ich jetzt endlich damit aufhören? Ich verstehe nicht, was das bringen soll, reine Zeitverschwendung. Oder kapiere ich den Zweck bloß nicht?«

Nun haben wir zwei Prozesse gleichzeitig »am Laufen«: Ihre »stumme« Wahrnehmung der Nachttischlampe und Ihr denkendes Gehirn.

Kommen wir nun zurück zum Karussell. Ihr »denkendes« Ich sitzt festgeschnallt im Sitz und fährt Runde um Runde, dabei schimpft es und sucht nach einem Ausweg. Aber Ihr wahrnehmendes »Ich« *steht bloß daneben*!

Wir sind in der Lage, zu bemerken, dass ein Teil von uns der Sache gar nicht hilflos ausgeliefert ist. Wir haben durch unser wahrnehmendes oder beobachtendes »Ich« einen natürlichen Abstand zu unserem Erleben, und dieses »Ich« kann seine Aufmerksamkeit jederzeit auf etwas anderes lenken, zum Beispiel auf die Zehenspitzen oder den Geschmack einer leckeren Sahnetorte. Indem wir der bloßen Wahrnehmung von dem, was wir erleben, Beachtung schenken, entdecken wir *unsere innere Freiheit* und sind nicht länger mit unserer Kognition verschmolzen.

Solange Sie sich Ihres beobachtenden »Ichs« nicht bewusst sind, ist es, als befänden Sie sich in einem 4D-Actionkino – haben Sie in einem solchen Kino schon mal einen Film gesehen? Die Sitze ruckeln, die Bilder sind zum Greifen nah. Es ist, als würden Sie im Film »stecken«, und aus den Kinositzen wird Ihnen Wind in die Haare gepustet. Wenn Sie Ihre bloße Wahrnehmung entdecken, treten Sie einen Schritt zurück. Als würden Sie sich aus dem Film »rausziehen«. Der Film ist noch derselbe, aber er reißt Sie nicht mehr dermaßen mit, es ist bloß noch ein 2D-Streifen.

Das Karussell hört nicht auf sich zu drehen, Ihr Gehirn hört nicht auf zu schimpfen, und der Film ist nicht zu Ende, aber je mehr Sie sich mit dem Teil von sich identifizieren, der bloß zusieht – desto ruhiger, gelassener und souveräner werden Sie sich fühlen.

Diese Veränderungen beruhen nicht auf einem subjektiven Eindruck, der nur einigen wenigen vorbehalten ist. Durch die Ausweitung Ihrer Wahrnehmung verändert sich messbar die elektrische Aktivität Ihres Gehirns, durch schnelle Gammawellen nehmen Sie eine Weiträumigkeit in sich wahr, die das biologische Korrelat der »inneren Freiheit« ist. Auch Ihr parasympathisches Nervensystem wird durch den natürlichen Gleichmut Ihres wahrnehmenden »Ichs« aktiviert. Auf diese Weise wird Ihr Stressreaktionssystem ausgebremst. Sie werden ruhig.

Ist das nicht wunderbar?

Um in diesen Genuss zu kommen, müssen Sie Ihre Gedanken und Gefühle nicht verändern, bekämpfen oder vor ihnen fliehen – Sie müssen gar nichts tun, außer zu bemerken, dass Sie denken, was Sie denken, und fühlen, was Sie fühlen.

## Die Mitte des Taifuns

Im letzten Abschnitt habe ich vom wahrnehmenden oder beobachtenden »Ich« gesprochen – und vielleicht klingt das für Sie etwas fremd. Ich habe die Anführungszeichen bewusst gesetzt, weil ich Ihnen nicht erzählen will, was Sie sind oder nicht sind. Diese Sache mit dem »Ich« ist bloß eine Metapher, letztendlich sind »Denken« und »Wahrnehmen« nichts Festgefügtes, sondern zwei *Prozesse*, die oft parallel ablaufen, sodass wir sie normalerweise nicht voneinander trennen. Es kann jedoch sehr hilfreich sein, die Wahrnehmung als Teil von sich zu betrachten und das Denken und Fühlen als einen anderen Teil.

Während sich Denken und Fühlen ständig verändern, bleibt die Wahrnehmung gleich. Sie ist unveränderlich. Die Wahrnehmung ist still, sie bewertet nicht und kann von Geburt bis zum Tod durch nichts und niemanden erschüttert werden. Eine besondere Bedeutung kommt dem beobachtenden »Ich« daher auch in der Traumatherapie zu – es gibt etwas in uns, das durch das Trauma vollkommen unbeschädigt geblieben ist. Aber selbst für nicht traumatisierte Menschen kann es beruhigend sein, zu wissen, dass es einen sicheren Ort in uns gibt, zu dem wir jederzeit zurückkehren können.

Welche Bezeichnung Sie für das beobachtende »Ich« verwenden, bleibt vollkommen Ihnen überlassen; es hat keine Relevanz – Sie können es Ihren »inneren Buddha« oder auch »Popeye der Seemann« nennen. Eine weitere Bezeichnung, die ich sehr hilfreich finde, ist »wissendes Selbst«. Es gibt einen Teil von Ihnen, der alles über Sie weiß, was auch immer Sie denken, fühlen, erleben und wahrnehmen. Eine ähnliche Beschreibung verwendet man normalerweise für Personen, die uns sehr nahestehen, ein bester Freund, der uns »in und auswendig kennt« oder mit dem wir »alles teilen«. Wenn Sie sich der Tatsache bewusst werden, dass dieser »beste Freund« in Ihnen ist oder gewissermaßen Sie selbst sind, kann das ein unmittelbar erleichterndes Gefühl auslösen. Außerdem ist es die Quelle für Ihr Selbstmitgefühl. Jemand weiß, wie Sie sich fühlen. In absolut *jeder* Situation. Das ist sehr tröstlich.

Zum besseren Verständnis möchte ich Ihnen von einer persönlichen Erfahrung mit diesem sicheren Ort erzählen. Eines Nachts erhielt ich einen Anruf, dass meine Großmutter wahrscheinlich in den nächsten Stunden sterben würde. Der Anruf kam nicht überraschend, trotzdem wurde mir sofort übel. Ich hatte Angst, war traurig, sehr müde und zudem noch im fünften Monat schwanger! Ich stand also mit mulmigem Gefühl auf, machte mich fertig und erinnere mich noch, wie ich beim Anziehen der Schuhe dachte: O je, ich hab solche Angst. Ich fühl mich miserabel. Das ist zu viel für mich. Ich kann das nicht. Soll ich überhaupt zu ihr fahren? Ich weiß nicht, ob ich das mit ansehen kann. Ich fühlte mich innerlich geradezu zerrissen. Einerseits wollte ich meiner Großmutter beistehen, andererseits hatte ich Sorge, von meinen eigenen unangenehmen Gedanken und Gefühlen überwältigt zu werden. Was sollte ich tun?

In dieser Situation machte ich Folgendes: Ich nahm meine gedankliche Zerrissenheit und die unangenehmen Gefühle einfach mit und ging los.

Ich versuchte nicht, mich besser zu fühlen, das war schlichtweg nicht möglich, doch ich ließ mich von ihnen auch nicht davon abhalten, zu erledigen, was mir wichtig war. Ich saß also im Auto und ließ all meinen Gefühlen und Gedanken freien Lauf, während ich sie beobachtete. Es war kein kaltes, distanziertes Betrachten, sondern mehr ein liebevolles und verständnisvolles Zusehen – als wären sie verängstigte Kinder, auf die ich aufpasste.

Später saß ich am Sterbebett meiner Oma, hielt ihre Hand und hörte auf ihre Atemzüge, die immer weniger wurden. Dabei gelang es mir, meine Wahrnehmung so weit auszuweiten, dass ich mich um sie und ihr Leiden kümmerte, aber ebenso um meine eigenen Ängste und Zweifel. Aus dieser für mich emotional sehr herausfordernden Aufgabe erwuchs noch in der Situation ein Gefühl der Stabilität, obwohl ich mich gleichzeitig unglaublich zerbrechlich und hilflos fühlte.

Der Kernpunkt dieser Erfahrung: Ich tat, was mir wichtig war, ohne von meinen Gedanken und Gefühlen »verschlungen« zu werden – und trotzdem waren sie da. Das, was mir diese Handlungsfähigkeit ermöglichte, war die bloße Anerkennung dessen, dass ich mich schwach fühlte. Aus dieser Anerkennung wurde Selbstmitgefühl. Ich wusste, dass es ganz normal war, sich so zu fühlen – es wäre jedem so ergangen. Im Angesicht des Todes überkommt einen einfach ein Gefühl der Ohnmacht. Ich zwang mich nicht dazu, anders zu fühlen. Schlussendlich war es aber die Aufrechterhaltung des beobachtenden »Ichs«, die in mir ein Gefühl des Gleichmuts auslöste.

»In der Mitte des Taifuns kann ein Kind schlafen« lautet ein japanisches Sprichwort. So ähnlich fühlte es sich an. Wie ein emotionaler Sturm, der trotz allem einen Ruhepol bietet.

So poetisch sich das anhört, es ist entscheidend, dass Sie dabei auf Ihre eigenen Grenzen achten. Es geht nicht darum, dass Sie sich in überfordernde Situationen stürzen und sich dazu zwingen, gleichmütig zu sein. Üben Sie mit ganz banalen psychischen und physischen Empfindungen wie Langeweile oder Ihrem Hungergefühl am Morgen. Nach und nach können Sie sich vortasten und schwierigere Emotionen beobachten. Gehen Sie, wenn möglich, in Ihrem eigenen Tempo vor, und haben Sie Geduld mit sich selbst. Wie ich schon erwähnte, geht es mir ganz genauso wie Ihnen. Ich vermeide bewusst die Konfrontation mit Geschehnissen, die mir »zu viel« sind. Je nach meiner subjektiven Verfassung lese ich dann noch nicht mal die aktuellen Schlagzeilen!

Die schon angesprochene Erlebensvermeidung ist per se vollkommen normal und wird erst zum Problem, wenn sie für Sie persönlich zum Problem wird. Ansonsten ist es nur sinnvoll, sich seine psychische Kraft einzuteilen. Mir ist es jedenfalls wichtiger, ein offenes Ohr für meine Mitmenschen zu haben, als mir in den Nachrichten die Details und Bilder von einem schrecklichen Verkehrsunfall anzusehen. Wägen Sie ab, was Sie sich zumuten möchten oder nicht. Üben Sie Schritt für Schritt.

Wenn das nicht möglich ist, weil ein unvorhergesehenes Ereignis eintritt, nehmen Sie all das, was Sie ohnehin fühlen und denken, bewusst wahr. Versuchen Sie bestmöglich, sich um sich selbst zu kümmern, Verständnis zu entwickeln (würden andere Menschen in Ihrer Situation nicht genauso fühlen?), und dann handeln Sie, falls nötig, aus dieser mitfühlenden Perspektive heraus.

Mitfühlend ist dabei ein gutes Stichwort: Unbedingt möchte ich betonen, dass es nicht darum geht, sich von Gedanken und Gefühlen zu distanzieren, weil Sie sie als nicht bedeutsam erachten. Natürlich gibt es, wie beschrieben, verstörende Gedanken und Bilder, die wir weniger ernst nehmen sollten. Aber wenn Sie zum Beispiel als Reaktion auf eine Trennung tiefe Traurigkeit empfinden und denken: Ich weiß nicht, wie es weitergehen kann, sollten Sie sehr behutsam mit Ihrem Erleben umgehen. Natürlich ist es Ihnen in diesem Moment zuwider, Ihre Gedanken und Gefühle als Teil einer

Gedankensuppe zu sehen. Lassen Sie sich von den Metaphern tragen, die Ihrer Stimmung entsprechen. Das kann manchmal spielerisch oder sogar witzig sein, ein anderes Mal ernster und tröstlicher.

## Mein Smoothie-Rezept

Jetzt möchte ich Ihnen ein Rezept für einen köstlichen grünen Smoothie verraten. Sie brauchen:

2 Handvoll Giersch
Saft einer halben Zitrone
1 Banane
½ Apfel
250 ml Wasser

Sie pürieren alles in einem Mixer oder mithilfe eines Pürierstabs – et voilà! Wie? Sie meinen, das passt thematisch hier nicht her? Doch, doch.

Kennen Sie Giersch? Giersch ist ein furchtbares Unkraut, dessen Bekämpfung einen in den Wahnsinn treiben kann. Die Autorin Susanne Wiborg schrieb in der *Zeit*: »Im Kampf gegen den Giersch zeigt sich die Vergeblichkeit des menschlichen Tuns.« Auch meine Eltern sahen sich mit dem Problem konfrontiert, dass der Giersch den Garten übernahm. Ich half meiner Mutter sogar, eine Plastikplane über ihr Blumenbeet zu ziehen, um den lästigen Giersch zu ersticken. Was soll ich sagen? Alle Maßnahmen zeigten keine Wirkung, der Giersch schien sogar *noch besser* zu gedeihen, je mehr man ihn bekämpfte. Jetzt kommt der interessante Aspekt: Wenn Sie »Giersch« in die Google-Suchleiste eingeben, wird als Erstes vorgeschlagen *Giersch bekämpfen* und als zweites *Giersch Smoothie.*

Mit dem Giersch ist es also wie mit unseren unangenehmen Gedanken und Gefühlen: Wir empfinden sie als schreckliche Plage, aber wir können lernen, sie effektiv zu nutzen. Indem Sie sie bloß beobachten, entdecken Sie eine ganz neue Seite Ihres Erlebens. Sie sind gelassen, ruhig und klar. Sie wirken souverän und authentisch. Außerdem befähigt es Sie zu selbstbestimmtem Handeln, und das gibt Ihnen Selbstsicherheit und Selbstvertrauen.

Ich bin mir nicht sicher, ob meine Eltern ihr beobachtendes »Ich« schon entdeckt haben, aber sie verwenden ihren Giersch inzwischen für grüne Smoothies. So wie Sie Giersch als Unkraut oder (sehr gesunde) Zutat sehen können, können Sie Ihre unangenehmen Gedanken und Gefühle als Hindernis oder als Mittel zur Stärkung Ihrer Psyche sehen.

Ich habe versucht, Ihnen diese alternative Sichtweise in den vorhergehenden Abschnitten näherzubringen und Techniken zu beschreiben (ähnlich wie ein Smoothie-Rezept), mit denen Sie Ihre neue Art zu (er)leben üben können. Kommen wir nun noch zu einigen organisatorischen Aspekten.

## Wie, wann, wie oft?

Sie haben gerade viel darüber erfahren, wie Sie mit Ihren Gedanken und Gefühlen umgehen können, sodass sie Sie weniger »gefangen nehmen«. In Kürze kommen wir zu weiteren konkreten Übungen, die Ihnen dabei helfen, Ihre Erfahrungen mit der Gedanken-Suppe, dem Karussell und dem beobachtenden »Ich« zu vertiefen. Ich möchte jedoch die Antwort auf einige Fragen vorwegnehmen, die bestimmt bei Ihnen auftauchen oder auftauchen werden: Wie, wann und wie oft soll ich mich dieser neuen Perspektive widmen? Wie gestalte ich mein Training im Abnehmen der Gedanken-Mütze?

Es kann durchaus sinnvoll sein, sich einen Rahmen für das Üben mit Gedanken und Gefühlen zu setzen. Gehen wir also auf die ersten beiden Fragen ein: Wie und wann sollen Sie üben?

Wieder gibt es keine dogmatische Regel dafür, und ich ermutige Sie, Ihren eigenen Stil zu finden. Sie können das Ganze buddhistisch-meditativ aufziehen, sich im Lotussitz auf ein Sitzkissen setzen und Ihre Gedanken und Gefühle beobachten. Sie können Ihr Training auch alltäglicher gestalten und bei all Ihrem Tun immer wieder bemerken, was in Ihrer Gedankensuppe gerade »hochkocht«. Versuchen Sie dabei, sich mehr mit dem Teil in Ihnen zu identifizieren, der die Suppe interessiert beobachtet, als mit der Suppe selbst.

Es ist auch möglich, sich bestimmte Tätigkeiten auszuwählen, und immer, wenn Sie ihnen nachgehen, Ihre Gedanken und Gefühle zu bemerken. Beispiel: Jedes Mal wenn Sie duschen, werden Sie sich darüber bewusst, was Sie denken und fühlen (sowohl geistig als auch körperlich). Oder wenn Sie abends fernsehen, schalten Sie dann in jeder Werbepause Ihren Fernseher leise und lauschen stattdessen Ihren Gedanken und spüren Ihren Gefühle nach. Solche festgelegten Tätigkeiten sind vor allem sinnvoll, wenn Sie bemerken, dass Sie der Sache ansonsten nicht regelmäßig nachgehen.

Das führt uns zum nächsten Punkt: wie oft?

Je öfter Sie Ihr Erleben bloß wahrnehmen und nicht mit ihm verschmelzen, desto besser gelingt es Ihnen in kritischen Situationen (zum Beispiel während eines Streitgesprächs), nicht automatisch zu reagieren, sondern mit einem gewissen Abstand zu handeln.

Ich rate Ihnen, sich möglichst jeden Tag, wenigstens für einige Momente, Ihrer Gedanken-Mütze bewusst zu werden und sie abzunehmen. Es sollte Ihnen zur neuen Gewohnheit werden, und diese kann sich nur etablieren, wenn Sie aktiv dazu beitragen. Beachten Sie: Ihr Gehirn möchte, dass alles so bleibt, wie es ist. Alles andere ist ihm zu riskant. Deshalb fällt es uns schwer, uns zu den Übungen zum Thema Gedanken und Gefühle aufzuraffen. Wir denken: Ach nö, mach ich später oder morgen. Und irgendwann haben Sie die ganze Angelegenheit völlig vergessen.

Ich habe Ihnen ja schon von meinem Gedanken-Krimi erzählt, und im Nachhinein bin ich seltsam froh darüber, dass sich in mir so ein enormer Leidensdruck entwickelt hatte, dass ich wahnsinnig viel Zeit in das Beobachten meiner Gedanken und Gefühle steckte. Wenn Ihr Leidensdruck jedoch nur gering oder gar nicht vorhanden ist, werden Sie kaum enthusiastisch an die Sache herangehen. Versuchen Sie es als Prophylaxe zu betrachten, ähnlich wie einen Zahnarztbesuch. Sie sehen sich Ihre Gedanken und Gefühle an, obwohl nichts »Kariöses« (Sie wirklich Störendes) zu finden ist, für den Fall, dass früher oder später etwas extrem Unangenehmes auftaucht und Sie effektiv damit umgehen müssen. Oder kommen Sie einfach auf dieses Kapitel zurück, wenn Sie »akute« Beschwerden haben. Es ist niemals zu spät, mit diesen Übungen zu beginnen.

Es kann auch sinnvoll sein, sich einen bestimmten Rhythmus vorzunehmen. Zum Beispiel abends vor dem Schlafengehen oder morgens nach dem Aufstehen widme ich mich meinem Erleben. Ich sage »kann«, weil es sehr von Ihren persönlichen Präferenzen abhängt.

Für mich funktioniert beispielsweise eine Mischform aus »Fahrplan« und »Freestyle« sehr gut. Mal setze ich mich bewusst hin und beobachte ausschließlich meine Gedanken und Gefühle. Zusätzlich kommt es mir über den Tag verteilt immer wieder in den Sinn, wenn gerade ein bestimmter Gedanke oder ein Gefühl präsent sind. Dann sehe ich sie mir an und versuche, mich mit dem »Betrachter« zu identifizieren.

Hilfreich ist es auch, wenn Sie besonders intensive Gedanken und Gefühle als Signale benutzen, als Erinnerung daran, dass Sie die Mütze aufhaben. Wenn Sie in der Endlosschlange im Supermarkt stehen und total wütend werden, weil diese Idioten keine zweite Kasse aufmachen, rufen Sie sich die betrachtende Perspektive in Ihnen in Erinnerung und beobachten Sie die Wut wie einen Gegenstand. Diese Signalwirkung von unangenehmen Gedanken und Gefühlen ist wunderbar, weil diese Störenfriede dadurch eine positive Funktion erhalten. Sie sind nicht nur lästig, sondern hilfreich in Bezug auf Ihre eigene Fähigkeit, mit Ihrem Erleben zurechtzukommen (Sie haben sie gewissermaßen in einen leckeren grünen Smoothie verwandelt).

Der letzte organisatorische Punkt besteht darin, dass Sie unbedingt zwischen den verschiedenen Übungen abwechseln sollten, damit Ihnen nicht langweilig wird und sich Ihnen möglichst viele Erfahrungen eröffnen. Auch wenn Sie eine Übung haben, die Sie besonders gern mögen, probieren Sie mal etwas anderes aus – Sie freuen sich dann umso mehr, wenn Sie zu Ihrer Lieblingsübung zurückkehren. Ansonsten wird sie sich abnutzen wie ein Lieblingssong, den Sie zu oft gehört haben.

Das heißt: Mal bemühen Sie die Mützen-Metapher, mal die Suppen-Metapher, mal die Karussell-Metapher. Sie werden bemerken, dass ich im Laufe des Buchs noch weitere Metaphern erwähne. Ich hoffe, Sie können davon profitieren und

Ihren Werkzeugkoffer mit den Vergleichen und Bildern füllen, die Ihnen gefallen.

Ich biete Ihnen deshalb auch gleich besonders viele Übungen an, auf diese Weise können Sie das Beobachten von Gedanken und Gefühlen abwechslungsreich gestalten. Scheuen Sie sich nicht davor, selbst Übungen und Metaphern zu erfinden oder meine Vorschläge abzuwandeln. Es gibt kein Richtig oder Falsch, solange es für Sie hilfreich ist.

### Wie Sie das Leben neu entdecken

 ÜBUNG 1

### Stille und Laute, Raum und Inhalt

Wenn Sie noch nicht damit vertraut sind, Ihre Gedanken und Gefühle zu beobachten, ist es ganz normal, dass diese Sache Ihnen seltsam vorkommt. Beginnen Sie damit, dass Sie sich nicht Ihrer Innenwelt zuwenden, sondern der Außenwelt. Erfassen Sie die Stille um sich herum – und die Laute, die durch diese Stille erst ermöglicht werden. Registrieren Sie sie. Stille und Laute. Beides geschieht simultan und bedingt einander.
Sie können außerdem den Raum um sich herum wahrnehmen und die Gegenstände und Körper, einschließlich Ihres eigenen, die sich in ihm befinden. Raum und Inhalt, bemerken Sie sie. Ziehen Sie dann den Schluss, dass auch in Ihrem Inneren Stille und Laute existieren. Die Stille Ihrer Wahrnehmung und die Laute Ihres Denkens. Genauso gibt es den Raum in Ihnen und die Bilder, die in diesem

Raum auftauchen. Diese Analogien können ein erstes Verständnis der Prozesse Wahrnehmung, Fühlen und Denken bewirken.

 ÜBUNG 2

## Gedanken begrüßen

Neulich bin ich im Bus an einem Bekannten vorbeigelaufen und habe ihn nicht begrüßt. Ich war in Eile, und außerdem wusste ich nicht so recht, was ich mit ihm reden sollte. Das war ein fataler Fehler! Den ganzen Tag lang ist mir sein Blick nachgegangen (er hatte mich offensichtlich gesehen), und ich ärgerte mich furchtbar, dass ich ihn nicht kurz begrüßt hatte. Stattdessen spukte er in meinem Kopf herum.

Mit unseren Gedanken und Gefühlen ist es oft genauso. Wir bemerken sie, haben aber keine Lust, sie anzuerkennen – und tun etwas anderes. Häufig hat das zur Folge, dass sie uns wieder und wieder aufsuchen. Probieren Sie mal Folgendes: Wenn Sie einen Gedanken oder ein Gefühl bemerken, auf das Sie keine Lust haben, sagen Sie zum Beispiel: »Hallo Gedanke an meinen Vater, und grüß dich Enttäuschung darüber, dass er mich schon wieder nicht an meinem Geburtstag angerufen hat.« Natürlich ist das unangenehm. Aber Sie ermöglichen Ihrem Gehirn damit, mit diesen Gedanken und Gefühlen besser zurechtzukommen, weil Sie ihm bestätigen: Ich habe deine Sorge bemerkt und anerkannt, danke.

## Gedanken-U-Bahn

Wenn Sie in einer Großstadt wie Berlin U-Bahn fahren, offenbart sich Ihnen, wie viele Abgründe die menschliche Psyche hat. Mehr als einmal bin ich Zeuge von Gewalt geworden, habe grundlos schreiende Menschen gesehen, weinende verwahrloste Personen beobachtet, deren Gestank durch den ganzen Waggon wehte, und es gibt auch einige Mitfahrer, die Selbstgespräche führen oder anderen grundlos den Stinkefinger vor die Nase halten.

Die Berliner U-Bahn ist für mich ein Spiegel unserer eigenen psychischen Vorgänge. Wenn Sie Gedanken oder Gefühle haben, die Ihnen »verrückt« vorkommen, versuchen Sie sie zu beobachten, als wären sie Passagiere in einer U-Bahn. Sie können sich vorstellen, dass Sie wie eine Überwachungskamera alles aufzeichnen, ohne einschreiten zu können oder bedroht zu sein. Auf diese Weise müssen Sie Ihr Erleben nicht verändern und können gleichzeitig an der Erfahrung wachsen, dass Ihnen selbst die seltsamsten Gedanken und Gefühle nichts anhaben können – oder Sie gar zum Handeln bewegen könnten.

 ÜBUNG 4

## Gedanken-Sushi

Waren Sie schon mal in einem dieser Sushi-Restaurants, in dem die Speisen auf kleinen Tellern an den Gästen vorbeifahren? Ich war sogar in einem Lokal, in dem kleine Schiffe auf einem Wasserkanal vorbeitrieben, und man konnte, wenn einem ein schmackhafter Maki entgegenschipperte, die kleinen Boote abpflücken. Um die Beobachtung Ihrer Gedanken und Gefühle zu schulen, können Sie sich einen solchen Sushi Circle vorstellen und Ihr Erleben auf den vorbeitreibenden Booten platzieren. Lassen Sie dabei Ihrer Fantasie freien Lauf: Setzen Sie innere Bilder auf die Teller oder bedienen Sie sich der Schrift auf der Seite der Boote und schreiben Sie Ihre Gedanken darauf. Diese Technik ist auch sehr effektiv, wenn Sie Einschlafprobleme haben und ein Gedanke nach dem anderen auf Sie niederprasselt.

 ÜBUNG 5

## Alles darf da sein

Um die Gewohnheit zu entwickeln, Ihre Gedanken und Gefühle zuzulassen, anstatt vor ihnen zu fliehen oder sie zu bekämpfen, gibt es einen einfachen Satz, den Sie sich innerlich sagen können, wenn Sie Flucht oder Kampf bemerken: *Alles darf da sein.*

Es kann eine enorm erleichternde Wirkung haben, sich mehrmals täglich daran zu erinnern. Falls Sie möchten, können Sie diese Worte auch mit Ihrem Atem verbinden. Beim Einatmen: *alles darf,* und beim Ausatmen schließen Sie: *da sein.*

Wichtig ist, dass es absolut nicht darum geht, Kampf und Flucht zu vermeiden. Sie müssen sich nicht zwingen, alles gelassen zu sehen. *Alles darf da sein* bedeutet, dass Sie einen Schritt zurücktreten und nicht mehr in Ihre mentalen Abläufe eingreifen. Lehnen Sie sich zurück und beobachten Sie, welche Gedanken und Gefühle Ihr Gehirn hervorbringt und wie es versucht, sie wieder loszuwerden, sie zu verändern oder vor ihnen zu fliehen – es ist wirklich sehr aufschlussreich und unterhaltsam.

 ÜBUNG 6

## Machen Sie Ihr Herz weit

Schaffen Sie Platz für Ihre unangenehmen Gedanken und Gefühle! Sie können das durch eine ganz simple Geste ausdrücken, indem Sie Ihre Hände zunächst übereinander auf Ihre Brust legen, in die Nähe Ihres Herzens. Dann breiten Sie die Arme weit aus. Merken Sie, wie sich Ihr Brustraum dehnt und wie groß die Spannweite Ihrer Arme ist. In Ihnen ist viel Raum für alle möglichen Empfindungen, ganz gleich, ob sie angenehm oder unangenehm sind.

Sie können diese Übung gleich am Morgen machen, um der gesamten Bandbreite Ihres Erlebens Platz zu verschaffen.

## Ihre Landschaft

Oft laufen wir Gefahr, durch die beschriebenen Techniken doch unserem Erleben auszuweichen. Panisch versuchen wir, Distanz von unangenehmen Gedanken und Gefühlen zu bekommen, damit sie verschwinden und uns nicht mehr belästigen. Das ist ausdrücklich *nicht* der Sinn von diesen Übungen, und es wird auch nicht funktionieren. Wenn Sie sich bei dem Gedanken ertappen: Das funktioniert nicht – wie es mir damals ergangen ist –, sind Sie auf dem Holzweg. Es kann Ihnen passieren, dass tausendmal dasselbe dämliche Sushi-Boot auf Ihrem Circle vorbeischwimmt. Aber mit jeder Runde, die Sie es drehen lassen, wird es Sie weniger stören. Sie können gar nichts falsch machen, wenn Sie alles so lassen, wie es ist. Diese Übung hilft Ihnen dabei, allen Gedanken und Gefühlen nicht nur generell (wie bei unserer letzten Übung) einen Platz in Ihrem Innenleben zu verschaffen, sondern ganz spezifisch.

Stellen Sie sich dafür eine Landschaft vor. In ihr haben all Ihre Gedanken und Gefühle einen Platz – in Form eines Bildes. Ich kenne einen jungen Mann, der sich immer einen ausbrechenden Vulkan vorstellt, wenn seine Wut ihn zu übermannen droht. Ihr Hass kann ein Eismeer oder eine Dornenhecke sein, Ihre Angst ein dunkler Wald. Kuriose Gedanken könnten Sie als einen Zirkus in Ihre Landschaft einbauen – und vergessen Sie nicht Ihre »positiven« Gefühle und Gedanken. Die Liebe zu Ihrer Familie mag eine idyllische Wildblumenwiese sein oder das tiefblaue Meer, und Ihre Freude ein Feld, auf dem Kinder Drachen steigen lassen. Jedes Mal, wenn Sie ein Gefühl bemerken, bauen Sie es bildlich ein. Verschaffen Sie allen Gedanken und Gefühlen ein Zuhause.

# KAPITEL 7

# Das Leben auskosten

*Im Nichtstun bleibt nichts ungetan.*
LAOTSE

Zeit für eine kleine Auszeit. Sie haben so viel über die Glückssuche gehört, Beispiele gelesen, Übungen gemacht, sich unangenehmen Gedanken und Gefühlen gestellt – das ist eine ganze Menge. Und es ist noch nicht alles.

In den nächsten beiden Kapiteln wollen wir uns der Frage widmen: Was will ich mit meinem Leben anfangen, wenn ich das Glück nicht mehr suche?

Eine berechtigte Frage. Sie werden so viel mehr Zeit und Energie haben, wenn Sie keinem unerreichbaren Ziel mehr hinterherlaufen. Wem oder was möchten Sie aber diese Zeit widmen? Wie möchten Sie Ihr Leben gestalten?

Bevor wir uns diesen Fragen zuwenden, möchte ich Sie jedoch bitten, auf Stopp zu drücken. Sacken zu lassen. Strecken Sie sich kurz, heben Sie die Arme hoch und dehnen Sie Ihren Rücken, ziehen Sie Ihren Oberkörper in die Länge. Dann machen Sie sich einen Kaffee oder Tee und holen sich einen Keks aus der Küche.

Setzen Sie sich gemütlich hin. Verdauen Sie. Den Keks und das Gesagte.

Ist es nicht wundervoll, dass Sie das Glück nicht mehr suchen müssen?

Ich möchte, dass Sie diese Erkenntnis wirklich vollkommen auskosten: Sie können jetzt tun und lassen, was Ihnen Spaß macht. Ohne ein schlechtes Gewissen zu haben, dass Sie damit womöglich »nichts« erreichen. Es gibt nichts zu erreichen. Unsere persönliche Entwicklung ist, ebenso wie die Evolution, ein offener Prozess, der zu keinem Ende kommt. Genauso wenig wie die Evolution irgendwann ein vollendetes Wesen hervorgebracht haben wird und abgeschlossen ist, werden Sie jemals das Gefühl haben, dass alles ein für alle Mal perfekt ist – was auch immer Sie tun oder erreichen.

Sie können sich also ab sofort in Tätigkeiten ausprobieren, die Sie vorher sinnlos fanden. Ob Sie Fallschirm springen, sich in ein Café setzen und die Passanten beobachten, Uno spielen, Tagebuch schreiben oder sich eins dieser Erwachsenen-Malbücher besorgen und ein Mandala ausmalen – vollkommen egal.

Tun Sie in diesem Moment doch mal Folgendes: Legen Sie das Buch zur Seite und gönnen Sie sich für einige Sekunden die Erfahrung, nichts zu tun. Sitzen oder liegen Sie einfach nur da. Los geht's!

Wenn ich nichts tue, ergreift mich oft ein ungewohntes und unwirkliches Gefühl. Die Stille kommt mir merkwürdig vor, *ich* komme mir merkwürdig vor. Als hätte ich gerade erst gemerkt, dass ich auch unabhängig von meinem ständigen Tun existiere. Geht es Ihnen ähnlich? Wie ist es für Sie, einfach *zu sein*, sagen wir, wie eine Pflanze?

Ist das nicht bemerkenswert, dass wir schon so lange am Leben sind und uns so selten (oder vielleicht sogar noch nie) erlauben, uns auszuklinken und wirklich nichts zu tun?

Haben Sie sich beim Nichtstun dabei ertappt, wie Ihr Kopf angefangen hat zu überlegen, was als Nächstes getan werden könnte? Auch wenn es nur der Gedanke: So, jetzt muss ich aber mal weiterlesen, war. Bei mir startet die To-do-Liste ganz automatisch, kaum sitze ich einen Augenblick in Ruhe da. Oder ich überlege, was ich als Nächstes essen könnte. Es ist einfach unsere Gewohnheit, ständig Pläne zu schmieden. Entweder, um das Glück zu suchen, oder, um uns von einem unangenehmen Gefühl abzulenken. Oder beides.

Die Glückssuche aufzugeben bedeutet, dem nachzugehen, was Ihnen Spaß macht, und dabei zu wissen, dass Sie das Glück nicht verpassen. Selbst wenn Sie nur dasitzen.

Lassen Sie Ihren Kopf die To-do-Liste ruhig rauf- und runterspulen – Sie wissen, kein Punkt auf Ihrer Agenda wird dazu führen, dass Sie glücklicher sind als in diesem Moment. Versuchen Sie sich mehrmals am Tag an diesen Satz zu erinnern.

Als ich das letzte Mal krank im Bett lag, konnte mein Kopf nicht damit aufhören, mir zu erzählen, welche Dinge ich eigentlich tun *müsste*. Ohne mein Zutun erstellte er eine Liste der Aufgaben, die ich unbedingt zu erledigen hatte, aber nicht konnte, weil es mir schlecht ging. Plötzlich kam genau dieser Gedanke hinzu: *Kein Punkt auf dieser Agenda wird dazu führen, dass ich glücklicher bin als in diesem Moment.*

Es war, als wäre eine schwere und vollkommen unnötige Last von mir abgefallen. Natürlich! Ob ich jetzt bei der Krankenkasse anrufe oder eine Einkaufsliste anlege, den Geschirrspüler ausräume oder diese wichtige E-Mail schreibe – es wird mein Leben nicht besser machen, bloß weil ich der Meinung bin, irgendwann alles »perfekt« erledigt zu haben. Es wird sich schon ergeben, dass ich diese Dinge in Angriff nehme. Trotzdem drängte sich immer wieder die ein oder andere vermeintliche Pflicht in mein Bewusstsein. Aber das war egal. Im Grunde lag ich nach diesem lichten Moment trotz Erkältung recht zufrieden im Bett rum.

Haben Sie es gemerkt? Wir befinden uns schon mitten in der zentralen Frage dieses Kapitels: Was will ich mit meinem Leben anfangen, wenn ich das Glück nicht mehr suche?

Meine erste Antwort darauf klingt simpel, ist aber nicht ganz so leicht: Machen Sie doch einfach, was Sie wollen.

## What do you fancy?

Nachdem wir so lange der Glücksmaschinerie gedient haben, haben wir wahrscheinlich vergessen, was wir wirklich gerne machen, ohne dabei eine bestimmte Absicht zu verfolgen. Wir identifizieren uns mit unseren Zielen, und wenn wir diese über Bord werfen, ist da plötzlich nicht mehr viel. Doch Sie haben ein Gefühl dafür, was Sie wollen. Sie müssen es nicht erst entwickeln, Sie haben es schon, Sie haben bloß vernachlässigt, darauf zu hören. Vertrauen Sie Ihrer Intuition und tun Sie sie nicht als langweilig, unüberlegt oder albern ab.

Gerd Gigerenzer, Direktor am Max-Planck-Institut für Bildungsforschung in Berlin, schreibt in seinem Buch *Bauchentscheidungen*, dass die Intuition ein machtvolles Instrument ist, das wir oft unterschätzen. Ob im Hinblick auf Konfliktlösungen, unsere Partnerwahl, Geldanlagen, Bewegungsabläufe (versuchen Sie mal nachdenkend zu tanzen!), berufliche Entscheidungen – die Intuition ist unserer Kognition oft überlegen. Gigerenzer geht sogar so weit zu sagen, dass die Ergebnisse vieler Experimente darauf hindeuten, dass »die bewusste Vergegenwärtigung von Gründen zu Entscheidungen führt, die uns weniger glücklich machen«. Finden Sie Ihr Bauchgefühl immer noch albern?

Vielleicht brennen Sie jetzt darauf, zu erfahren, wie man es anstellt, seiner Intuition zu vertrauen. Aber leider kann ich Ihnen zu dem Thema gar keine Übung anbieten, denn das würde Ihr Denken involvieren. Das wäre ungefähr so, als würde ich Sie bitten, mit Ihren Ohren zu schmecken. Durch Nachdenken können Sie nicht intuitiv sein, Sie können Ihre Intuition nicht per verbaler Anleitung heraufbeschwören. Außerdem ist es schwierig, etwas erlangen zu wollen, was man schon hat. Sie müssen Ihre Wünsche, Ideen und Bedürfnisse, die sich bei Ihnen melden, bloß »aufschnappen« und ernst nehmen.

Ich erkläre Ihnen das: Es ist in etwa so, als würden Sie merken, dass Sie aufs Klo müssen. Sie haben vorher gar nicht darüber nachgedacht, aber plötzlich kommt Ihnen ins Bewusstsein: Oh, ich muss jetzt mal pinkeln. Und dann gehen Sie auf die Toilette.

Genauso kommen andere »Geistesblitze« bei Ihnen an, die Sie jedoch oft abwimmeln, weil Sie glauben, keine Zeit für sie zu haben, oder weil sie Ihnen nicht gut genug sind. Sie gehören nicht zu der Sorte Ziele, die in unserer Gesellschaft anerkannt sind und vermeintlich zum Glück führen. Sie haben vielleicht keine Idee für eine neue Wahnsinns-App, die Ihnen Ruhm und ein paar Milliönchen einbringt, stattdessen möchten Sie die nächste halbe Stunde einfach aus dem Fenster gucken, ein Schinkenbrot essen oder in der Badewanne liegen – dann tun Sie es. Machen Sie es sich zur Gewohnheit, Ihrem Gefühl zu vertrauen und das, wozu Sie Lust haben, über das zu stellen, was von Ihnen verlangt wird. Das tun Sie, indem Sie Ihren Impulsen nachgehen.

Entdecken Sie die Seiten des Lebens, denen Sie sich bisher verwehrt haben, weil sie Ihnen nicht genügend sinnvoll erschienen. Keine andere Tätigkeit ist sinnvoller als die, nach der Ihnen gerade der Sinn steht.

Eventuell wollen Sie mir jetzt entgegnen: »Meine Güte, Sie

müssen viel Zeit haben! Ich muss arbeiten, die Kinder von der Schule abholen, einkaufen, kochen, mit dem Hund zum Tierarzt und nebenbei noch meine Schwiegermutter vom Bahnhof abholen. Wann soll ich bitte schön noch aus dem Fenster gucken?«

In einem Punkt haben Sie recht: Ich habe ziemlich viel Zeit – weil ich sie mir nehme. Und das können Sie auch. In dem anderen Punkt haben Sie nämlich unrecht: Sie müssen all diese Dinge nicht tun.

Ich verstehe, dass Sie den *Anspruch* haben, die Erledigungen, die Sie sich in den Kopf gesetzt haben, abzuhaken. Aber bitte machen Sie sich bewusst: *Sie haben sie sich selbst in den Kopf gesetzt.* Oder noch besser: Ihr Kopf hat sie erfunden. Es steht niemand mit der Pistole hinter Ihnen und zwingt Sie dazu. Dann arbeiten Sie eben weniger, lassen sich Ihren Einkauf liefern, bitten Ihren Partner zu kochen, und die Schwiegermutter nimmt sich ein Taxi.

Mir ist schon klar, dass es Erledigungen gibt, die man nicht aufschieben kann. Wenn kein Klopapier mehr da ist, sollten Sie vielleicht nicht so lange aus dem Fenster gucken, bis Ihre Blase voll ist. Aber Sie verstehen hoffentlich meinen Hauptpunkt: Durchschauen Sie Ihre tägliche Planung, bei der Sie sich zu Höchstleistungen antreiben, weil Sie glauben, besonders viel leisten zu müssen. Das müssen Sie nicht. Diese Leistung wird sich nicht in Glückseligkeit auszahlen, sondern in Stress, Zeitdruck und Enttäuschung. Ich wiederhole es deshalb nochmals: *Kein Punkt auf Ihrer Agenda wird dazu führen, dass Sie glücklicher sind als in diesem Moment.* Und auch Ihrer Intuition zu vertrauen, in der Badewanne zu liegen oder aus dem Fenster zu gucken wird Sie nicht glücklicher machen. Aber es erspart Ihnen diesen Stress und die Enttäuschung über das ausbleibende Glück.

Zudem sammeln Sie neue Erfahrungen. Sie lernen sich selbst kennen, werden hellhörig für das, was Sie brauchen und tun möchten. Sie sind schließlich nicht eine Abfolge alltäglicher Automatismen, sondern ein Lebewesen mit wechselnden Stimmungen und Bedürfnissen. Das Glück nicht mehr zu suchen bedeutet, dass diese Lebendigkeit genug ist und das Einzige, was zählt.

## Absichtliches Nichtstun und nichts tun

Vielleicht ist Ihnen der Gedanke, sich Zeit für sich zu nehmen, gar nicht so fremd. Es ist nämlich so, dass es heutzutage viele Tätigkeiten gibt, die sich als Abkehr von der Pflichtspirale tarnen – aber in Wahrheit versuchen wir mit ihnen doch einen Zweck zu erfüllen.

Wir verfolgen ein Ziel, wenn wir »bewusst in die Stille gehen«, uns »in Gelassenheit üben« oder »in unsere Mitte einkehren«. Ich hatte es im Kapitel über Spiritualität schon erwähnt: Achtsamsein, Meditieren, Entspannen und »Auf-sein-Herz-Hören« sind gerade sehr angesagt. Allerdings wird die geplante Auszeit vom Alltag oft ein weiteres Leistungssoll in unserem Punkteplan zur Selbstoptimierung: »Mist, ich wollte heute doch noch meinen Body Scan machen. Wieder nicht geschafft!«

Aber *wollten* Sie das wirklich? Oder haben Sie es sich bloß zur Aufgabe gemacht, weil Sie glauben, dass es sich gut auf Ihren Körper und Ihren Geist auswirkt? Wollen Sie zusätzlich zum Erfolg, zu Ihrer körperlichen Fitness, der familiären oder partnerschaftlichen Harmonie noch den »inneren Frieden« und die »emotionale Intelligenz« abhaken, damit alles perfekt ist?

166

Folgender Satz mag für Sie zunächst paradox klingen, aber lassen Sie ihn einfach mal auf sich wirken:

*Sie fangen erst an zu entspannen, wenn Sie damit aufhören.*

Das bedeutet: Solange Sie daran denken, was es für Auswirkungen auf Sie haben soll zu entspannen, sich gehen zu lassen, intuitiv zu sein, nichts zu tun, zu meditieren und so weiter, gehen Sie nur einer weiteren Tätigkeit nach, die Ihnen irgendetwas bringen soll. Da können Sie genauso gut Ihr Badezimmer putzen! (Davon hätten Sie sogar noch eine saubere Kloschüssel, was man von der Meditation nicht behaupten kann.)

Wenn Sie allerdings damit *aufhören,* zu meditieren, zu entspannen oder nichts zu tun, sprich, wenn Sie keine Absicht mehr mit Ihrer Abkehr vom Alltag verbinden, dann sind Sie endlich dort, wo Sie hinwollten. Das fällt uns besonders schwer, weil wir dafür rein gar nichts tun müssen oder können.

Mein Vorschlag an Sie: Sie müssen Ihrer Zeit für sich keine Bezeichnung wie Entspannung oder Meditation geben. Sie müssen sie auch nicht in Ihren Alltag einplanen und sie zu einem weiteren Programmpunkt machen. Erlauben Sie es sich ab heute, durchgängig Ihre Lebenszeit als Zeit für sich zu gestalten.

Wenn Sie sich dies nicht zu Herzen nehmen, wird es Ihnen so gehen wie mir mit Charles Dickens. Ich hatte mir mal vorgenommen, jedes Jahr am 1. Dezember mit der Lektüre von *Eine Weihnachtsgeschichte* zu beginnen. Die Idee war, mir ein paar besinnliche Lesestunden zu machen, um mich gemütlich in die Weihnachtszeit einzustimmen. Doch was passierte? Am 14. Dezember dachte ich: Verdammter Mist! Es ist schon Mitte des Monats, und ich bin erst beim ersten der drei Geister! Es war absurd. Aus meinen besinnlichen Stunden wurde ein Lesezwang, der, selbst auferlegt, bis Weihnachten abgeschlossen sein musste. Als ich mich dabei ertappte, musste ich lachen. Nach wie vor lese ich jetzt im Dezember Charles Dickens. Aber manchmal bin ich am 24. Dezember immer noch beim ersten Geist – doch dafür habe ich wirklich nur gelesen, wenn ich Lust hatte.

## Das Aktivität-Passivitäts-Prinzip

Auf eine Ihrer möglichen Sorgen möchte ich noch eingehen, wenn es darum geht, Ihrer Intuition zu vertrauen: Sie haben womöglich Angst, dass Sie tatsächlich gar nichts mehr tun und nur noch im Bett rumliegen werden, wenn Sie es nur zulassen würden.

Das Interessante ist jedoch, dass das nicht passieren wird. Wenn Sie Ihr »Pflichtkorsett« lockern, werden Sie vielleicht zunächst tatsächlich nicht das Bett verlassen, aber bald kriegen Sie Lust auf etwas anderes. Aktivität und Passivität wechseln sich auf natürliche Weise ab, wie ein Pendel, das zurückschwingen muss, wenn es auf der gegenüberliegenden Seite angekommen ist. Wenn Sie mir das nicht glauben, beschließen Sie, es in einem Zeitraum von einer Woche mal zu überprüfen.

Fangen Sie damit an, jeden Nachmittag auf der Couch zu liegen. Falls Ihnen das durch Ihre Berufstätigkeit nicht möglich ist, nutzen Sie Ihren Urlaub oder ein langes Wochenende für dieses Experiment. Nach einigen Tagen werden Sie vielleicht in den Baumarkt fahren, weil Sie Lust haben, ein neues Bücherregal zu bauen oder die Wohnung neu zu dekorieren. Auf Passivität folgt Aktivität. Vertrauen Sie auf dieses Prinzip.

Als Autorin werde ich oft gefragt, wie ich arbeite. Habe ich feste Zeiten? Stehe ich zu einer bestimmten Zeit auf? Wie viele Seiten schaffe ich pro Tag? Die Leute scheint es brennend zu interessieren, wie man es hinkriegt, ein ganzes Buch zu schreiben. Meine Antwort klingt in etwa so: »Ich schreibe nur, wenn ich Lust habe. Manchmal jeden Tag, manchmal wochenlang gar nichts. Manchmal schreibe ich acht Seiten, manchmal eine halbe. Ich zwinge mich nicht zum Arbeiten.«

Es ist also gut möglich, dass ich schon eine Schreibblockade hatte, nur habe ich sie nicht bemerkt, weil ich mich an Tagen, an denen ich nicht schreiben will, gar nicht an den Laptop setze. Das Prinzip Aktivität und Passivität funktioniert ohne mein Zutun, und das ist bei Ihnen ganz genauso.

Nun werden Sie vielleicht denken: Schön und gut, aber nicht jeder kann damit sein Geld verdienen, in Cafés herumzusitzen und über das Glück zu schreiben – ich muss morgen früh ins Büro und kann es mir nicht leisten, heute mal nichts zu tun. Aber genau das *können* Sie. Sie trauen es sich bloß nicht. Angenommen, Sie kündigen Ihren Bürojob, um eine Weile auf der faulen Haut zu liegen. Was würde passieren? Früher oder später hätten Sie den Drang, sich einen neuen Job zu suchen, und vielleicht würde der sogar besser zu Ihnen passen. Sie können das Beispiel auch weiterspinnen. Sollten Sie nicht das Bedürfnis verspüren, sich einen neuen Job zu suchen, könnten Sie Ihre Miete nicht mehr bezahlen und würden bei einem Freund unterkommen müssen. Wenn Ihre Aktivität auf der Couch Ihres Freundes immer noch nicht wieder einsetzt, würde er Sie vielleicht rausschmeißen, und Sie wären obdachlos. Und dann? Ganz genau: Irgendwann würden Sie aktiv werden und etwas an Ihrer Situation verändern. Ich habe in der Sozialarbeit mit vielen Menschen zu tun, die bereits obdachlos waren – bis der Punkt kam, an dem sie den Drang verspürten, etwas zu verändern.

Verstehen Sie, worauf ich hinauswill?

Es ist möglich, zu spüren, was Sie gerade tun wollen, und dann tun Sie es effektiv und oftmals gewinnbringend. Sie werden sogar *mehr* zustande bekommen, wenn Sie sich nicht zu etwas zwingen, was gerade gar nicht Ihrer Stimmung entspricht. Liegen Sie also unbedingt im Bett herum, wenn Sie das möchten. Sie werden dadurch nicht die Fähigkeit verlieren, die Welt zu verändern.

# KAPITEL 8

# Dem Leben eine Richtung geben

*Wenn Sie Ihr Leben durch Ihre Werte geleitet leben,*
*gewinnen Sie nicht nur ein Gefühl von Lebendigkeit und*
*Freude, sondern erfahren auch, dass das Leben reich,*
*erfüllt und sinnvoll sein kann, auch wenn die*
*Dinge schlecht laufen.*
RUSS HARRIS

Lassen Sie sich von meinem Gerede über das Nichtstun nicht in die Irre führen. Einzusehen, dass es das Glück nicht gibt, darf nicht als Freifahrtschein für die grenzenlose Jagd nach Spaß missverstanden werden. Sich diesen neuen Genuss des Nichtstuns zu gönnen, ist nur eine Möglichkeit, Ihr Leben ohne das Glück zu bereichern. Meine zweite Antwort auf die Frage: *Was will ich mit meinem Leben anfangen, wenn ich das Glück nicht mehr suche?* lautet: Geben Sie Ihrem Leben statt einem Ziel eine Richtung.

Was ich gegen Ziele habe? Überhaupt nichts, solange Sie sich von ihnen nicht das große Glück versprechen. Andernfalls werden Sie enttäuscht. Wenn das Erreichen unserer Ziele uns glücklich machen und mit Bedeutung erfüllen würde, könnten wir uns einfach zur Ruhe setzen und unseren Lebenslauf anstarren. Aber so ist es nicht. Es ist unser fortlaufendes *Tun*, das in unserem Leben eine Rolle spielt. Es ist die Richtung, in die Sie laufen.

Stellen Sie sich vor, dass Sie bisher das Glück gesucht haben, so wie Sie in etwa auf dem Weg zu einer Stadt unterwegs waren, die es gar nicht gibt. Nennen wir sie Immerallesgut. Sie waren also jahrzehntelang nach Immerallesgut unterwegs gewesen und konnten niemals ankommen. Jetzt, wo Sie die Suche aufgegeben haben, können Sie einerseits entspannen und sich nach hierhin oder dorthin durch die ganze Welt treiben lassen. Andererseits könnten Sie beschließen, sich einen Kompass zuzulegen und immer nach Süden zu gehen. Warum? Weil es einen sehr erfüllenden und befriedigenden Effekt hat, in die Richtung zu laufen, die Sie sich ausgewählt haben. Sich nur umhertreiben zu lassen hat seine Tücken – man kann sich leicht verloren und ratlos fühlen.

Doch was ist damit gemeint, dem Leben eine Richtung zu geben? Ein Beispiel: Ihre bisherigen Ziele waren es, einen guten Job zu haben, außerdem etwas Soziales zu tun, zum Beispiel ein Ehrenamt zu übernehmen, und eine Familie zu gründen. Wenn Sie diese Ziele nicht erreichen, sind Sie enttäuscht, und Ihr Selbstwert fällt in den Keller. Und wenn Sie sie erreichen, fällt Ihnen auf, dass Sie sie nicht so glücklich machen, wie Sie gedacht haben, und Sie setzen sich neue Ziele. Das machen Sie dann ewig so weiter, bis Ihr Leben eines Tages vorüber ist und Sie feststellen, dass Sie es vor lauter Unzufriedenheit und Sucherei verpasst haben. So weit wissen wir schon Bescheid.

Wenn Sie eine Richtung statt Ziele formulieren, klingt das ganz anders. In etwa so: Ich möchte selbstfürsorglich, unterstützend und anderen Menschen nahe sein. Wie komme ich auf diese Worte?

Ganz einfach: Ich habe Ihre *Ziele* in *Werte* übersetzt. Prinzipiell steckt hinter jedem Ziel ein Wert. Sie möchten einen guten Job? Das bedeutet, Sie möchten für sich sorgen, indem Sie genügend Geld verdienen und sich an Ihrem Arbeitsplatz wohlfühlen. Sie möchten ein Ehrenamt ausüben? Sie möchten unterstützend sein, anderen Menschen helfen. Sie sehnen sich nach einer Familie? Ihnen ist es wichtig sich verbunden zu fühlen und anderen nahe sein.

Selbstfürsorge, Unterstützung und Nähe. Das sind *Werte*. Richtungen, in die Sie immer gehen können, selbst wenn Sie Ihre Ziele nicht verwirklichen.

Sie können auch selbstfürsorglich handeln, ohne den perfekten Job zu ergattern (zum Beispiel vorübergehend eine nicht perfekte Arbeit annehmen, damit Sie sich das leisten können, was Sie brauchen); andere unterstützen, ohne gleich ein Ehrenamt zu übernehmen (zum Beispiel für Ihre Großtante einkaufen); und Menschen, zum Beispiel Freunden, nahe sein, auch wenn Sie (noch) keine Familie haben.

Überlegen Sie: Sie können viele Ziele, die Sie sich setzen, nicht mit Sicherheit erreichen, und nur sehr wenige Ziele können Sie sofort realisieren. Es gibt aber immer etwas, dass Sie augenblicklich tun können, das in Einklang mit Ihren Werten steht. Das glauben Sie nicht? Dann bitte ich Sie, sich jetzt etwas zu überlegen, das selbstfürsorglich ist und das Sie in diesem Moment umsetzen können. Was könnten Sie sich gerade Gutes tun?

Haben Sie eine Idee?

Ich persönlich habe zu meinem Wasserglas gegriffen und einen Schluck Wasser getrunken, um meinem Körper Flüssigkeit zu geben, die er zum Leben braucht.

Auf diese Weise jederzeit wertegeleitet handeln zu können (auch wenn Ihnen mein Beispiel banal vorkommt) hat einen unmittelbar befriedigenden Effekt, der sich Studien zufolge langfristig in Lebenszufriedenheit, allgemeinem Wohlbefinden und psychologischer Gesundheit widerspiegelt.

Wertegeleitet zu leben senkt außerdem Ihr Stresslevel und

wirkt sich positiv auf depressive Stimmung aus. Im Hinblick auf Ihren Beruf hilft das Identifizieren von Werten, das Gefühl der Bedeutsamkeit der eigenen Arbeit zu beleben und Burn-out vorzubeugen. Es gibt sogar einige Studien, die belegen, dass wir eine höhere Schmerztoleranz haben, wenn wir das Erleben von Schmerz mit unseren Werten verbinden. Das ist selbst bei Personen mit chronischen Schmerzen der Fall. Zudem tragen Werte dazu bei, dass wir nicht nur mit unserem Leben zufriedener sind, sondern auch mit unserem Körper. Das betrifft sowohl äußerliche Faktoren (wir stigmatisieren uns weniger hinsichtlich unseres Körperbilds und unseres Gewichts) als auch gesundheitliche (so wies eine Studie nach, dass Epilepsie-Patienten von Interventionen profitieren, die auf der Identifikation von Werten basieren; die Lebensqualität verbesserte sich, und es konnte sogar die Anzahl der Anfälle reduziert werden).

Wenn wir wertegeleitet handeln, fühlen wir uns wie der Mensch, der wir sein möchten. Ganz egal, was wir erreichen. Wertegeleitet zu handeln heißt, in Einklang mit sich selbst zu sein. Unser Leben fühlt sich im wahrsten Sinn *wertvoll* an. Es ist Zeit, diese neue Art zu leben zu entdecken!

## Was bedeutet »wertvoll«?

Wert ist für Sie vielleicht ein seltsamer Begriff. Das liegt daran, dass wir ihn, im Gegensatz zu Ziel, sehr selten gebrauchen. Aber ich habe Ihnen ja versprochen, dass wir das Leben jetzt *neu* entdecken, wir wagen uns bei diesem Thema also auf unbekanntes Terrain. Lassen Sie uns mit der simplen Frage anfangen: Was soll das überhaupt sein, ein Wert?

Werte sind die Eigenschaften und Qualitäten, die uns

wichtig sind und die wir in unserem Handeln widerspiegeln können. Respekt, Freundlichkeit, Loyalität, Abenteuerlust, Mitgefühl, Stärke, Geduld, Großzügigkeit, Verständnis, Kreativität, Intimität, Vertrauen – um nur einige wenige aufzuzählen.

Wenn Sie sich fragen: *Was für ein Mensch möchte ich sein? Wie möchte ich mich selbst, andere und die Welt um mich herum behandeln? Wofür möchte ich im Leben stehen?* sind die Antworten darauf Ihre persönlichen Werte.

Werte sind ausdrücklich *keine Ziele*. Ihr Ziel könnte es sein, einen Partner zu finden. Sie können dieses Ziel erreichen und abhaken. Ein Wert kann niemals abgehakt werden. Werte sind Eigenschaften, die unser Verhalten fortlaufend leiten, etwa liebevoll zu sein. Wir können nach ihnen handeln, während wir versuchen, ein Ziel zu erreichen, und zwar sowohl wenn wir es tatsächlich schaffen als auch wenn wir es nicht schaffen.

Werte sind nicht nur keine Ziele, sie sind ebenso wenig gleichzusetzen mit moralischen Tugenden. Eine Tugend muss von außen, zum Beispiel von einer Glaubensgemeinschaft, anerkannt werden. Ihre Werte müssen das keinesfalls! Sie können der einzige Mensch sein, der sie für wichtig hält. Stellen Sie es sich so vor wie eine Vorliebe für eine bestimmte Schokoladensorte. Sie mögen »Zartbitter«, ich mag »Ganze Haselnüsse«. Keiner kann einem von uns daraus einen Vorwurf machen, es ist einfach eine persönliche Präferenz. Ebenso ist es, wenn Ihnen in Ihrem Leben Intimität besonders wichtig ist und mir die Unabhängigkeit.

Schließlich sind Werte auch keine Gefühle. »Ich möchte fröhlich sein« oder »Ich will, dass es mir gut geht« sind keine Werte. Sie meinen damit eventuell, dass Sie auf sich achten und Dinge tun möchten, die Ihnen Spaß machen (denn damit erhöhen Sie die Wahrscheinlichkeit, dass Sie bester Stimmung sind). Diesen Wert würde ich dann als »Selbstfürsorge« bezeichnen.

Wenn Sie nach meinen Erklärungen und Unterscheidungen verwirrt sind, was Werte sind, verwirre ich Sie jetzt noch etwas weiter, indem ich Ihnen verrate, dass es keine einheitliche Definition für diesen Begriff gibt. Das, was ich Ihnen über Werte erzählt habe, sind gewissermaßen die Eckdaten, wie sie in der Akzeptanz- und Commitmenttherapie beschrieben werden. Aber je nach psychologischer Richtung variieren die Feinheiten.

Stecken Sie deshalb nicht den Kopf in den Sand, wichtig ist: Werte sind Qualitäten, die wir unserem Handeln zugrunde legen. Sie sind keine anerkannten Moralvorstellungen, Ziele oder Gefühle.

## Der Kompass

Wahrscheinlich hatten Sie eine ungefähre Vorstellung davon, was Ihre Ziele sind, bevor ich Ihnen die Sache madig gemacht habe. Nun soll es um Werte gehen, Sie können aber − ich nehme das mal an − nicht so genau sagen, was Ihre Werte sind.

Es ist eine äußerst spannende und heikle Angelegenheit, sich seiner Werte bewusst zu werden. Spannend ist es, weil Sie das definieren, was Ihnen in Ihrem Leben wirklich wichtig ist. Das ist ziemlich bedeutsam. Heikel ist es deshalb, weil Sie sich dabei möglichst nicht in Gedanken verfangen sollten, die durch andere bedingt sind. In der Psychologie spricht man von »sozialer Erwünschtheit«. Was werden andere über mich denken, wenn mir Sexualität wichtiger ist als Mitgefühl? Wenn Sie jedoch Ihre Werte davon abhängig machen, was andere über Sie denken, wird Ihr Handeln Sie ungefähr so sehr befriedigen wie der Verzehr eines Pappbechers mit Plastikdeckel.

Wie ich schon sagte, es ist wie mit den diversen Schokoladensorten: Es kann keine Konkurrenz zwischen Geschmäckern geben. Es gibt lediglich Unterschiede, und die dürfen Sie sich getrost erlauben.

Aber was ist, wenn Sie so gar keine Idee haben, was Ihnen wichtig ist? Wenn Sie keine spontane Antwort auf die Frage haben, wofür Sie im Leben stehen? Oder wenn es Ihnen schwerfällt, Ihre Antworten in Worte zu fassen?

Ich möchte Ihnen drei Übungen vorstellen, mit denen Sie Ihren Werten auf die Schliche kommen können.

 ÜBUNG 1

## The Sweet Spot

Diese Übung stammt von Kelly Wilson, einem Professor für Psychologie an der University of Mississippi. Sie geht folgendermaßen: Rufen Sie sich einen vergangenen Moment in Erinnerung, in dem Sie sich rundum wohlgefühlt haben.

Vielleicht saßen Sie mit einem Freund zusammen, oder Sie haben zu Hause Musik gehört, Ihr Kind in den Kindergarten gebracht oder waren in Ihre Arbeit vertieft. Oder Sie sind mit dem Fahrrad durch den Park gefahren, schauten Ihren Lieblingsfilm oder befanden sich im Flieger nach Florida. Kein Szenario ist zu banal oder zu außergewöhnlich – Hauptsache, Sie hatten in diesem Moment ein tiefes Gefühl der Zufriedenheit.

Rufen Sie sich diesen Augenblick so lebendig wie möglich in Erinnerung. Vergegenwärtigen Sie sich die Geräusche, die um Sie herum waren, die Gerüche, den Geschmack, das, was Sie auf Ihrer Haut fühlten, und das, was Sie sahen. Bleiben Sie für einige Sekunden an diesem Ort. Dann bemerken Sie, was Sie in diesem Moment taten, als Sie sich so wohlfühlten. Wie haben Sie sich verhalten? Welche persönlichen Qualitäten haben Sie gezeigt? Wenn Sie jemand in dieser Situation beobachtet hätte, was würde diese Person über Ihre Eigenschaften erzählen können? Wie gehen Sie in dieser Erinnerung mit sich und Ihrer Umgebung um? Interessiert? Gleichgültig? Frei? Freundlich? Kreativ? Gelassen?

Entscheiden Sie sich für zwei bis drei Eigenschaften, die Sie in einem Wort zusammenfassen können und mit dem Sie die Erinnerungsszene betiteln könnten.

Falls die Formulierung dieser Qualitäten Ihnen schwerfällt, befindet sich im Anhang eine Liste mit möglichen Werten und kurzen Beschreibungen dazu. Ziehen Sie sie zurate und schreiben Sie Ihre ausgewählten Werte auf.

 ÜBUNG 2

## Für immer und ewig

Stellen Sie sich vor, Ihr Leben wäre unendlich. Sie und die anderen Menschen auf der Welt würden niemals sterben. Wissen Sie, was das bedeutet?

Sie hätten unendlich viel Zeit und würden früher oder später alle Ihre Ziele erreichen können. Es hätte gar keine

Relevanz mehr, was Sie alles schaffen, weil jeder irgendwann alles erreichen kann. Selbst wenn Sie sich ein Jahrtausend lang gehen lassen, irgendwann rappeln Sie sich auf und werden vielleicht Millionär – auch wenn das unter Umständen wiederum einige Jahrhunderte dauert, ist doch egal. Im Grunde spielt es keine Rolle. Was allerdings eine Rolle spielt, ist die Frage: *Wie* möchten Sie sein? Wie möchten Sie mit sich, Ihren Mitmenschen und der Welt um Sie herum umgehen? Die Art Ihres Umgangs hat nämlich kein Ende. *Wie* Sie leben, hat beständige Gültigkeit, ganz gleich, *was* Sie machen. Denn wie Sie in Ihrem Leben handeln möchten, können Sie nicht abhaken. Ihre Ziele, ich erwähnte es, hingegen schon.

Welche Werte wären es also, die Sie an den Tag legen möchten, nach denen Sie sich vorstellen könnten, sich Jahrmillionen lang zu richten? Beschließen Sie wenigstens für den Moment, welche zwei bis drei Eigenschaften Sie in Ihrem Handeln widerspiegeln möchten – unabhängig davon, ob Sie gerade Tellerwäscher oder Millionär sind. Werfen Sie auch gerne erneut einen Blick in die Werte-Liste, um sich inspirieren zu lassen. Notieren Sie sich bitte Ihre Werte. Sie brauchen Sie für die nächste Übung.

 ÜBUNG 3

## Das verlorene Urteilsvermögen

In dieser Übung kommen wir auf die Gefahr der »sozialen Erwünschtheit« zurück. Wenn Sie Ihre Werte auswählen, könnte es sein, dass Sie versuchen, der »perfekte«

Mensch zu sein: ehrgeizig, trotzdem rücksichtsvoll; authentisch, aber zurückhaltend; fokussiert, jedoch natürlich weltoffen und zugewandt.

Es kann sein, dass genau das Ihre Werte sind. Aber es kann auch sein, dass Sie die Auswahl Ihrer Werte aus der Fremdwahrnehmung betrachten. Möchten Sie also wirklich so sein und sich verhalten, oder möchten Sie bloß entsprechend wahrgenommen werden? Nun zur Übung: Stellen Sie sich vor, alle Menschen hätten Ihr Urteilsvermögen verloren. Sie könnten nicht mehr über Sie richten. Sie hätten keine Meinung mehr dazu, wie Sie sich verhalten, ob Sie nun hilfsbereit sind oder erfolgsorientiert über Leichen gehen. Niemand wird Sie bewundern, niemand verurteilen.

Und jetzt schauen Sie sich unter diesem Aspekt die vier bis sechs Werte an, die sich aus den beiden vorhergehenden Übungen ergeben haben.

Ich will ehrlich zu Ihnen sein: Ich habe diese Übung ebenfalls gemacht, und danach habe ich den Wert »Freundlichkeit« aus meiner Liste gestrichen. Nicht weil ich Freundlichkeit für überflüssig betrachte und mich verweigern will, »Bitte« und »Danke« zu sagen. Sondern weil mir klar wurde, dass ich vor allem wollte, dass andere Menschen mich für nett und freundlich halten. Freundlichkeit gehört seitdem nicht mehr zu meinen persönlichen Top-Werten.

Möchten Sie vielleicht auch den einen oder anderen Wert streichen, weil er gar nicht der Person, die Sie tief in Ihrem Herzen sein möchten, entspricht? Sie können Ihre bisherigen Werte noch einmal komplett ändern und die Übungen 1 und 2 erneut durchführen (und sich dabei unseren Übungen gemäß vorstellen, dass es anderen

Menschen nicht möglich ist, Ihre Werte gut oder schlecht zu finden).

Wenn Sie so weit sind und Ihre Liste mit Werten feststeht, beglückwünsche ich Sie! Es ist ein großer Schritt, eine Richtung auszuwählen, in die Sie in Zukunft gehen möchten.

## Der Fahrplan

Sie haben sich einige Eigenschaften notiert, die Ihnen wichtig sind. Aber damit ist es nicht getan. Bestimmt fragen Sie sich: Und was jetzt?

Bisher sind Ihre Werte ja nur leere Worte. In diesem Abschnitt möchte ich Ihnen daher einen Fahrplan an die Hand geben, der Ihnen dabei helfen soll, Ihre Werte lebendig werden zu lassen.

Der erste Punkt laut diesem Plan: Wählen Sie einen Ihrer Werte aus, mit dem Sie beginnen möchten. Welchen Wert möchten Sie in Ihrem Verhalten widerspiegeln? Vertrauen Sie dabei Ihrer Intuition!

Als Nächstes kommen wir zur Operationalisierung. Diesen Begriff benutzt man vorrangig in der psychologischen Forschung, er bedeutet, dass man sich überlegt, wie man eine bestimmte Eigenschaft messbar machen kann. Für uns heißt das: Wie können Sie Ihren ausgewählten Wert in Handlungen übersetzen? Woran könnte man beobachten, dass Sie gerade authentisch, unterstützend oder geduldig handeln?

Einige Beispiele für Operationalisierungen wären: Wir wollen verantwortungsbewusst sein und gehen zum ärztlichen Check-up. Wir möchten abenteuerlustig sein und melden uns für einen Segeltörn an. Wir möchten hilfsbereit sein und hören einem Freund zu, der gerade in einer Krise steckt. Wir wollen freundlich sein und wünschen der Kassiererin im Supermarkt einen schönen Tag. Wir möchten uns verbunden fühlen und besuchen unsere Verwandten in Österreich.

Als Nächstes möchte ich Sie bitten, eine Liste mit mindestens fünf möglichen Handlungen zu erstellen, die im Einklang mit Ihrem ausgewählten Wert stehen. Falls Ihnen das Mühe macht, fragen Sie sich: Woran könnte ein Außenstehender sehen oder bemerken, dass ich gerade fleißig, beharrlich oder leidenschaftlich bin?

Achten Sie dabei darauf, dass Ihr Verhalten *aktiv* formuliert ist. Möchten Sie liebevoller mit Ihrem Partner umgehen, schreiben Sie nicht: »Ich möchte im Streit nicht mehr laut werden«, sondern: »Ich möchte im Streit mit ruhiger Stimme sprechen.«

Alle Formulierungen, in denen es heißt: »Ich möchte *nicht mehr* XY tun«, streichen Sie. Stattdessen formulieren Sie die Sätze aktiv.

Sie werden feststellen, dass es Kreativität und Mut erfordert, Ihre Werte in Handlungen zu übersetzen, auch wenn Sie das bisher nur schriftlich versuchen. Zuerst müssen Sie nämlich überhaupt auf einige Ideen kommen, und dann müssen Sie den Mut besitzen, sie aufzuschreiben und nicht als lächerlich oder nicht gut genug abzustempeln. Ich kann Sie nur dazu ermuntern, dies als Experiment anzusehen. Versuchen Sie es. So, wie Sie es angehen, machen Sie es genau richtig.

Also, haben Sie Ihre Liste mit fünf Handlungen?

Dann können Sie fast schon mit dem Leben Ihrer Werte loslegen. Allerdings möchte ich Sie vorher darum bitten, sich nicht zu übernehmen. Das ist ein weiterer Punkt auf unserem Fahrplan.

Wenn Sie sich mehr Nähe in Ihrem Leben wünschen, können Sie etwa damit beginnen, Ihren Nachbarn im Hausflur zu grüßen – Sie müssen nicht sofort auf Partnersuche gehen, mit dem Ziel eine Familie zu gründen. Es gibt Handlungen, die Ihnen leichter fallen, andere schwerer. Das bedeutet aber nicht, dass die eine besser ist als die andere. Behalten Sie Folgendes im Kopf: Jede Handlung, die in Einklang mit Ihren Werten steht, ist logischerweise wertvoll.

Gehen wir die bisherigen Stationen unseres Fahrplans noch einmal an einem Beispiel durch.

Angenommen, Sie haben den Wert »Vertrauen« ausgewählt. Zurzeit fällt es Ihnen besonders schwer, diesem Wert Ausdruck zu verleihen, wenn es um Ihr Kind geht, das gerade in der Pubertät steckt. Wie können Sie Vertrauen in diesem Fall operationalisieren? Woran wird es in Ihrem Verhalten erkennbar?

Spinnen wir Ihre Familienverhältnisse noch etwas weiter aus: Ihr Kind steckt nicht nur in der Pubertät, sondern hat auch einen neuen Freundeskreis, der ihm Ihrer Meinung nach nicht guttut. Es hat angefangen, zu rauchen, und Sie sind sich sicher, dass es letzte Woche die Schule geschwänzt hat. Auf Ihre Nachfragen holen Sie sich jedes Mal bloß schroffe Antworten ab. Was könnten Sie tun, das Ihrer Tochter oder Ihrem Sohn gegenüber Vertrauen ausdrückt?

Wenn Ihr Kind sich heute Abend mit seinen Freunden trifft, könnten Sie ihm zum Beispiel »Viel Spaß« wünschen, anstatt hartnäckig nachzufragen, wann es wiederkommt, oder ihm sogar mit einer Strafe zu drohen, wenn es zu spät heimkehrt oder wieder nach Rauch stinkt. Wenn er oder sie erst am nächsten Morgen auftaucht und wie ein Aschenbecher müffelt, können Sie sich immer noch mögliche Konsequenzen überlegen.

In einem nächsten Schritt könnten Sie Ihrem Kind erlauben, übers Wochenende mit seinen Freunden zelten zu gehen. Eigentlich hatten Sie wahnsinnig viele Vorbehalte, was diese Camping-Aktion betrifft, aber ein vertrauensvoller Elternteil zu sein ist Ihnen wichtiger als ein sorgenvoller oder strenger. Sie gestehen Ihrem Kind also diese Zeit mit seinen Freunden zu. Natürlich dürfen Sie sich trotzdem Ihre Gedanken machen – entscheidend ist, dass Sie vertrauensvoll *handeln*.

Eine dritte, noch größere Geste des Vertrauens wäre es, den Dachboden auszubauen, damit Ihr Sohn oder Ihre Tochter »ein eigenes Reich«, weitab von den anderen Wohnräumen, bekommt. Ihr Kind wünscht sich das schon lange. Doch das ist ein heikler Schritt für Sie, weil Sie damit das Gefühl verbinden, die Kontrolle über Ihren Nachwuchs völlig zu verlieren. Zudem ist der Umbau nicht von heute auf morgen zu erledigen, sondern wird einige Zeit in Anspruch nehmen und ist kostspielig.

In diesem Beispiel haben Sie den Schwierigkeitsgrad Ihrer Handlungen schrittweise gesteigert. Die Idee dabei ist, dass Sie mit einfachen Aufgaben beginnen, dadurch Ihr Gefühl der Selbstwirksamkeit steigern und sich Handlungen zutrauen, die Ihnen auf Anhieb nicht so leicht fallen würden.

Aber wie kriegen Sie heraus, was für Sie leicht und was schwer ist?

Es gibt dafür eine sehr einfache Methode. Überlegen Sie sich für jede Handlung auf Ihrer Liste auf einer Skala von eins bis zehn, wie wahrscheinlich es ist, dass Sie sie tatsächlich ausführen. Zehn bedeutet, dass Sie sich nicht von Ihrem Vorhaben abbringen lassen, selbst wenn in Ihrem Vorgarten gerade ein Ufo landet. Und eins bedeutet, dass Sie es nur tun würden, weil die bei Ihnen gelandete außerirdische Spezies

Sie sonst mit auf Ihren Planeten entführt, auf dem es keinen Kaffee und keine Schokolade gibt.

Wählen Sie für den Anfang ein Verhalten aus, das Sie mindestens mit einer Sieben bewerten. Es sollte also eher wahrscheinlich sein, dass Sie es tun. Wenn das nicht der Fall ist, überlegen Sie sich weitere Möglichkeiten, Ihren Wert auszudrücken, bis Sie eine Idee mit einem hohen Wahrscheinlichkeitsgrad haben. Sie müssen Ihren Sohn oder Ihre Tochter nicht gleich auf den Campingplatz lassen. Sie könnten stattdessen selbst mal wieder etwas unternehmen und Ihrem Nachwuchs die »sturmfreie Bude« für einen Abend anvertrauen.

Wenn Sie möchten, können Sie die Handlungen Ihrer Liste tatsächlich von »leicht« nach »schwer« durchführen. Sie können die Liste aber auch jederzeit verwerfen, neu schreiben, einzelne Handlungen streichen oder verändern. Vielleicht haben Sie auch plötzlich Lust, die Richtung zu wechseln und sich einem anderen Wert zuzuwenden. Sie können für alle Ihre Werte eine Liste erstellen und je nach Lust und Laune von einem Wert zum nächsten springen. Spielen Sie mit den Möglichkeiten. Es ist eine sehr interessante und lohnenswerte Erfahrung, Ihre Werte in Ihrem Handeln lebendig werden zu lassen.

Der vorletzte Punkt auf unserem Fahrplan lautet: Seien Sie konkret! Angenommen, Ihr ausgewählter Wert ist »Selbstfürsorge« und auf Ihrer Handlungsliste steht »gesund ernähren«. Wenn Sie sich dafür entscheiden, diesen Punkt in die Tat umzusetzen, überlegen Sie sich ein passendes Gericht, wann und wo Sie die Zutaten dafür einkaufen gehen und an welchem Tag Sie es sich zubereiten. Wenn Sie zum jährlichen Check-up zum Arzt gehen möchten, überlegen Sie sich, wann Sie in der Praxis anrufen und einen Termin vereinbaren. Seien Sie penibel spezifisch! Es wird Ihnen dann umso leichter fallen, Ihren Wert in die Tat umzusetzen, weil Sie nicht mehr viel über die Organisation nachdenken müssen.

Damit sind wir am letzten Punkt des Fahrplans angelangt: Es gibt absehbare Hürden, die bei Ihrem Handeln auftreten können. Haben Sie nicht die nötige Geduld, gesund zu kochen? Rufen Sie doch einen Freund an und machen Sie es gemeinsam. Haben Sie Angst vor dem Check-up beim Arzt und vor allem vor den Ergebnissen? Sprechen Sie mit ihm darüber, lassen Sie sich über alle Untersuchungen aufklären. Mit wem oder was könnten Sie sich die Wartezeit auf die Ergebnisse verkürzen?

Es ist sehr hilfreich, sich darüber klar zu werden, was Sie davon abhalten könnte, Ihre Werte zu leben. Oft können Sie für Unterstützung oder Lösungen sorgen, und falls das nicht möglich ist – entscheiden Sie sich doch einfach für eine andere Tat auf Ihrer Liste. Es kommt nicht darauf an, was Sie tun, solange das Wie Ihren Werten entspricht.

Damit wäre unser Werte-Fahrplan startklar. Ich fasse noch einmal zusammen:

**Wert** auswählen

**Operationalisierung** des Werts. Wie könnte er sich in Ihrem Verhalten äußern? Machen Sie eine Liste mit mindestens fünf möglichen Handlungen.

**Wahrscheinlichkeitsskala** von eins bis zehn. Schreiben Sie hinter jede Handlung auf Ihrer Liste den Wahrscheinlichkeitsgrad.

**Auswahl** der Handlung. Zu Anfang mindestens mit dem Wahrscheinlichkeitsgrad sieben; später können Sie sich an schwierigere Projekte wagen.

**Konkretisierung** der ausgewählten Handlung. Wann? Wo? Wie lange? Mit wem?

**Hürden** identifizieren und falls möglich vorbeugen.
**Umsetzung** Los geht's! Leben Sie Ihren Wert!


## Der Kreis schließt sich

Wertegleitet zu leben und die Fähigkeit, mit unangenehmen Gedanken und Gefühlen umgehen zu können, sind eng miteinander verbunden. Ich möchte gar nicht lange um den heißen Brei herumreden und Ihnen das anhand von zwei Beispielen erklären:

Claras beste Freundin Sina ist nach Südamerika ausgewandert und ist dort schrecklich einsam. Sie weint am Telefon und hat großes Heimweh. Clara möchte am liebsten sofort zu ihr und sie in den Arm nehmen. Da gibt es nur ein Problem: Clara hat Flugangst. Um sie zu überwinden, hat sie sogar schon eines dieser Anti-Flugangstseminare besucht. Tatsächlich hatte sie kurzzeitig Erfolg mit einigen Techniken, die sie im Seminar gelernt hat. Aber angstfrei ist sie nicht. Schon gar nicht bei Turbulenzen. Ein Langstreckenflug nach Südamerika? Das traut sie sich immer noch nicht zu. Es schmerzt sie aber, ihre Freundin im Stich zu lassen. Was nun? Ein anderes Seminar besuchen? Beruhigungstabletten schlucken? Die Sache mit dem Fliegen ganz an den Nagel hängen? Clara wird bewusst, wie unglaublich wichtig es ihr ist, ihrer besten Freundin beizustehen und sie in dieser schwierigen Lebensphase zu unterstützen. Also steigt sie in den Flieger, obwohl sie Angst hat. Der Flug wird für sie, wie erwartet, sehr unangenehm. Gleichzeitig hat sie aber das Gefühl, ihr Leben selbst in die Hand zu nehmen und sich nicht von ihren Ängsten einengen zu lassen. Sie fühlt sich frei.

Jens hat ein schwieriges Verhältnis zu seiner Mutter. Fast

immer, wenn die beiden sich sehen, gibt es Streit – es ist wahnsinnig anstrengend. Jens weiß sich nicht anders zu helfen und hat nach einer besonders schwerwiegenden Auseinandersetzung den Kontakt zu seiner Mutter abgebrochen. Allerdings merkt er mit der Zeit, dass ihm die Nähe zu ihr wichtig ist und er die Situation nicht auf sich beruhen lassen kann. Er sucht erneut den Kontakt zu ihr – doch es kommt wieder zu Spannungen. Diese dauernden Streitigkeiten, die Wut und die Enttäuschung sind sehr unangenehm. Aber Jens ist bereit, sie in Kauf zu nehmen. Sie sind der Preis, den er für die Beziehung zu seiner Mutter zahlt. Zwischendurch gibt es auch innige Momente und ruhigere Phasen, wobei Jens nicht mehr die Hoffnung hat, dass der Kontakt zu seiner Mutter eines Tages reibungslos funktioniert. Trotz allem ist er zufrieden mit seiner Entscheidung, seine Mutter in sein Leben zu integrieren. Es fühlt sich an, als gäbe diese bewusste Entscheidung ihm Kraft und Selbstbewusstsein.

Die Botschaft dieser beiden Beispiele: Wertegeleitet zu handeln erfordert Ihre Bereitschaft und den Gebrauch Ihrer Fähigkeit, mit unangenehmen Gedanken und Gefühlen umzugehen.

An dieser Stelle möchte ich die Brücke zu Kapitel 6 schlagen und Ihnen alle dort beschriebenen Übungen und Techniken wärmstens empfehlen, wenn Sie feststellen, dass wertegeleitetes Handeln Sie nicht glücklich macht, sondern Ihnen sogar einiges abverlangt. Das Gute ist, dass Sie bereits wissen, dass Gedanken und Gefühle Ihr Handeln keinesfalls beeinflussen müssen. Sie müssen nicht erst warten, bis Sie sich gut, stark oder glücklich fühlen, bis Sie etwas tun, das Ihnen wichtig ist. Sie können sich in ein Flugzeug setzen, Ihre Mutter besuchen oder Ihr Kind zum Zelten schicken, auch wenn Sie Angst haben, wütend sind oder sich hilflos fühlen.

Auf diese Art und Weise entdecken Sie Ihre Freiheit, werden selbstbewusst, handeln selbstbestimmt und souverän und können alle Facetten des Lebens auskosten.

## Probier's mal mit Beweglichkeit

Ich möchte Sie bitten, dass Sie diese Werte-Sache nicht in Stein meißeln. Es geht nicht darum, Sie in irgendeinen Käfig aus Begriffen zu stecken. Wenn Sie bei unseren Übungen keine vier bis sechs Werte für sich herausfinden konnten, sondern nur einen einzigen, ist das in Ordnung. Und wenn Sie sich gleich für zehn Werte begeistern können genauso. Trauen Sie Ihrem Gefühl, was Auswahl und Anzahl der Werte angeht. Flexibilität ist hier ein gutes Stichwort, nicht minder, wenn es darum geht, Ihre Werte in Taten umzusetzen.

Es ist unmöglich und noch dazu überhaupt nicht erstrebenswert, dass sich ständig all Ihre Werte in Ihrem Tun spiegeln. Angenommen, zwei Ihrer Werte sind »Freundlichkeit« und »Selbstfürsorge«. Und jetzt stellen Sie sich vor, es gibt jemanden, den Sie nicht leiden können, der aber ständig den Kontakt zu Ihnen sucht. Wenn Sie ausnahmslos freundlich sind, wird Ihr Gegenüber vielleicht gar nicht merken, dass er eine wichtige Grenze überschreitet – und Ihre Selbstfürsorge bleibt auf der Strecke.

Manchmal ist es nicht möglich, sich Distanz zu verschaffen, ohne dass der andere sich auf den Schlips getreten fühlt.

In einer Fortbildung hörte ich einen einleuchtenden Vergleich zum Thema Gleichzeitigkeit von Werten: Werte sind wie Kontinente auf einem Globus, es können niemals alle auf der Vorderseite sichtbar sein. Mal kommt der eine zum Vorschein, mal ein anderer.

Wie Sie sich entscheiden, von welchen Werten Sie sich in welcher Situation leiten lassen möchten, das bleibt völlig Ihnen überlassen. Es gibt kein Richtig oder Falsch. An manchen Tagen können Ihre Werte Ihnen eventuell auch ganz gestohlen bleiben. Unser Leben ist so komplex, aus diesem Grund müssen unsere Ansichten beweglich sein und sich an unseren Alltag anpassen. Aber das heißt nicht, dass Ihr Leben von einem auf den anderen Moment bedeutungslos wird. Seien Sie flexibel, gönnen Sie sich Ruhepausen und experimentieren Sie mit unserem Fahrplan.

## Wie Sie das Leben neu entdecken

Wie können Sie die Bedeutung Ihrer Werte vertiefen und sie in Ihr Leben integrieren?

Die folgenden Übungen können Ihnen dabei helfen – und ich möchte Ihnen ans Herz legen, sie wirklich auszuprobieren. Andernfalls werden meine Erklärungen zum Thema »Werte« nur leere Worte für Sie bleiben. Sie können dann nicht herausfinden, was für Sie persönlich funktioniert und was nicht.

 ÜBUNG 1

### Das Werte-Mantra

Diese Übung ist simpel, mit ihr können Sie sich mit Ihren Werten vertraut machen und mit ihnen verbunden in den Tag starten.

Lernen Sie Ihre Werte auswendig (da Sie wahrscheinlich

190

jeweils nur ein Wort umfassen, ist das schnell erledigt). Wiederholen Sie Ihre Werte wie ein Mantra, sobald Sie registriert haben, dass Sie morgens wach sind. Damit erinnern Sie sich daran, was Ihnen im Leben wichtig ist und welche Eigenschaften Sie an den Tag legen möchten. Sie können das Werte-Mantra auch wiederholen, bevor Sie in eine Situation gehen, die für Sie schwierig werden könnte und in der Sie Gefahr laufen, Ihre Werte aus den Augen zu verlieren. Etwa dann, wenn Sie auf jemanden treffen werden, der Sie provoziert. Oder wenn Sie vor einer Prüfung der Mut verlässt. Werte funktionieren wie ein Anker, der Ihnen in stressigen Situationen Halt geben kann.

 ÜBUNG 2

## Jeden Tag eine wertvolle Tat

Sie können den Fahrplan dafür nutzen, sich jeden Tag einer kleinen Herausforderung zu stellen. Lassen Sie es sich zur Gewohnheit werden, nachdem Sie morgens das Werte-Mantra wiederholt haben, sich die Frage zu stellen: Welchen kleinen Schritt könnte ich in den nächsten vierundzwanzig Stunden unternehmen, der in Einklang mit einem meiner Werte steht? Berücksichtigen Sie dabei alle Punkte des Fahrplans. Wählen Sie vor allem eine leichte Handlung, damit Sie den Tag zuversichtlich beginnen (vielleicht sogar eine, die Sie gleich morgens tun können, zum Beispiel Ihrem Partner den Kaffee ans Bett bringen).

## The Choice Point

In der Akzeptanz- und Commitmenttherapie gibt es eine wunderbare Übung, die von Joseph Ciarrochi, Ann Bailey und Russ Harris in ihrem Buch *The Weight Escape* vorgestellt wird. Sie trägt den Namen »The Choice Point«, was so viel wie »der Entscheidungspunkt« bedeutet. Diese Übung ist sehr lebenspraktisch, und Sie können sich theoretisch rund um die Uhr mit ihr beschäftigen.

Alle unsere Handlungen lassen sich im Hinblick auf unsere Werte als »in die richtige Richtung« und »in eine andere Richtung« einteilen.

Angenommen, Ihre Werte sind: Verantwortungsbewusstsein, Selbstfürsorge, Disziplin und Verlässlichkeit.

Sie gehen morgens zur Arbeit.

Bewegen Sie sich mit Ihrer Handlung »zur Arbeit gehen« in Richtung Ihrer Werte oder in eine andere Richtung? Es sieht schwer nach einer Handlung in Richtung Ihrer Werte aus, oder? Wenn Sie dann aber in der Pause zwei Zigaretten hintereinander rauchen, ist das in Bezug auf Ihren Wert »Selbstfürsorge« eher die andere Richtung, denn Sie tun Ihrem Körper damit keinen Gefallen.

Vergessen Sie nicht: Es geht nicht darum, ob »zur Arbeit gehen« oder »Zigaretten rauchen« in unserer Gesellschaft als »gut« oder »schlecht« gelten, sondern darum, welche Werte Sie für sich definiert haben und was Sie darunter verstehen.

Mit allem, was wir tun, treffen wir eine Entscheidung, unser Leben besteht quasi aus »choice points«. Die Frage ist nur, ob wir uns mit unseren Entscheidungen in Richtung unserer Werte bewegen oder in die andere Richtung. Entdecken Sie diese Tatsache und nehmen Sie wahr, dass Sie jederzeit eine Wahl haben. Wenn Sie möchten, üben Sie sich darin, öfter Entscheidungen zu treffen, die in Richtung Ihrer Werte liegen.

# KAPITEL 9

## Der Haken an der Sache

*Es gehört oft mehr Mut dazu, seine Meinung zu ändern,*
*als ihr treu zu bleiben.*
FRIEDRICH HEBBEL

Ziehen wir ein kleines Zwischenfazit: Wir sind bisher vielen Wegen zum Glück gefolgt. Aber in uns wächst die Erkenntnis, dass wir niemals unser Ziel erreichen werden, weil es gar nicht existiert. Doch das hat auch Vorteile. Wir brauchen unser Leben nicht mehr abzuwerten, weil es vermeintlich immer noch »besser« geht – nein, wir beschließen, dass unser Glückslevel ab jetzt durchgehend eine Zehn ist. Oder noch radikaler: Wir schmeißen die ganze Glücksskala über Bord und machen uns frei von völlig willkürlich festgelegten Vorstellungen! Ab jetzt sind wir nicht mehr auf der Suche nach dem Glück, wir *sind*. Andere Menschen, die sich ihr Leben zur Hölle machen, weil ihnen noch das i-Tüpfelchen zu fehlen scheint, sehen wir mitleidig an, während wir uns zurücklehnen und unsere Lebenszeit genießen. Doch das ist nicht alles. Dadurch, dass wir nicht mehr krampfhaft unseren Zielen hinterherjagen, können wir uns auf unsere Werte besinnen. Wir werden zu der Person, die wir immer gern sein wollten. Eines Tages können wir dann zurücksehen und uns denken: Ich war genau so liebevoll, ehrlich, freundlich, abenteuerlustig und offen, wie ich es mir vorgestellt hatte. Ich habe mich gut um mich selbst, andere und diese Welt gekümmert, habe das Gefühl, ein erfülltes, bedeutsames Leben gelebt zu haben.

Doch das ist immer noch nicht alles. Während wir dabei sind, unsere Werte zu verwirklichen, stoßen wir auf Schwierigkeiten, mit denen wir uns auseinandersetzen müssen. Denn wir wissen: Diese Schwierigkeiten gehören zum Leben, wegen ihnen müssen wir uns nicht wieder in eine Glücksvorstellung stürzen. Wir haben entdeckt, dass wir über unangenehme Gedanken und Gefühle hinauswachsen können, indem wir sie in unsere »innere Landschaft« integrieren, anstatt sie zu bekämpfen oder vor ihnen zu fliehen. Unser Kopf ist zu unserem Zuhause geworden, und auch in stürmischen Zeiten können wir die Segel richtig setzen.

Das hört sich alles prima an, oder? Es gibt jedoch einen Haken: So einfach ist es nicht.

Das Glück aufzugeben ist ein langwieriger Prozess, dem Sie sich immer wieder stellen müssen. Einer der Gründe dafür ist, dass die Glückssuche dem Leben einen Sinn verleiht. Sie gibt uns ein Ziel, für das es sich vermeintlich lohnt zu leben. Wenn wir uns hingegen eingestehen, dass dieses Ziel unerreichbar ist, weil es nur auf einer Vorstellung beruht, geben wir mit unserer Glückssuche auch unseren Sinn des Lebens auf. Und ein »sinnloses Dasein« möchte niemand führen. Und so wagen wir die Möglichkeit, die Suche nach dem Glück aufzugeben, oft nicht einmal zu denken. Würde ein Bekannter zu Ihnen sagen, sein Leben sei sinnlos, würden Sie dann nicht automatisch davon ausgehen, er sei unglücklich oder sogar depressiv? Aber warum eigentlich? Wäre es nicht ganz wunderbar, wenn wir bloß da sein müssten, um unseren Ansprüchen und denen der Welt gerecht zu werden? Wenn unser Leben keinen Sinn mehr haben müsste, wenn wir der Sinn *wären*?

Um auszuprobieren, was passiert, wenn wir das Glück aufgeben, braucht es viel Mut. Zudem können wir eine Menge Ausreden erfinden, es gar nicht erst zu versuchen. Häufig steckt ein Phänomen dahinter, das Psychologen Sunk-Cost-Effekt nennen: die Neigung, aufgrund vergangener Investitionen weiterzumachen.

Nehmen Sie einmal an, Sie wären schon Ihr Leben lang auf der Suche nach einem geflügelten Nilpferd. Jeder erzählt Ihnen von seinen wundervollen Begegnungen mit diesem Tier, in den Medien berichten ständig Leute, wie sehr sich ihr Leben zum Positiven verändert habe, seitdem sie eines dieser Tiere ansichtig geworden seien. In Zeitschriften finden Sie Tipps, wo Sie ein geflügeltes Nilpferd am besten entdecken können, weiterhin gibt es unzählige Bücher zum Thema. Um auch endlich in den Genuss zu kommen, einem geflügelten Nilpferd zu begegnen, arbeiten Sie hart, sparen Ihr Geld und unternehmen unzählige Reisen. Erfolglos. Sie tun sich mit anderen Menschen zusammen, suchen sich eine Frau oder einen Mann, die beziehungsweise der das gleiche Ziel hat. Doch Sie lassen sich bald wieder scheiden, weil Ihre gemeinsame Nilpferdsuche nicht geklappt hat und Sie beide furchtbar enttäuscht darüber sind. Ihr Freundeskreis kann Ihnen ebenso wenig weiterhelfen, und irgendwann sind Sie vollkommen ratlos. Es ist wie verhext, egal wo, wie und mit wem Sie suchen, wie viel Geld, Zeit und Energie Sie investieren: Sie finden das verdammte geflügelte Nilpferd nicht. Doch Sie können jetzt unmöglich aufgeben, denn dann wären ja all das Geld, die Zeit und die Mühen umsonst gewesen. Das ist der Sunk-Cost-Effekt.

Je länger wir unserem Irrweg zum Glück gefolgt sind und je mehr Opfer wir dafür bereits erbracht haben, desto schwerer fällt es uns, die Flinte ins Korn zu werfen.

Evolutionspsychologische Theorien liefern eine zusätzliche Erklärung, warum es mit so großen Anstrengungen verbunden ist, das Glück aufzugeben. Die Entwicklung der Menschheit beruht auf dem Drang nach Fortschritt, nach Verbesserung. Wären die Steinzeitmenschen ganz zufrieden mit ihrem Status quo gewesen und hätten nicht versucht, eine komplexere Sprache zu entwickeln, hätten wir bis heute keine Möglichkeit, unser Wissen weiterzugeben. Jede Generation müsste wieder von vorne anfangen, wir hätten keine Elektrizität, kein Abwassersystem und keine Impfungen. Das Streben nach Optimierung ist für die Menschheit existenziell. Indem wir unseren Weg zum Glück aufgeben, widersetzen wir uns ein Stück weit unserer biologischen Ausrichtung. Und das ist ein stetiger Kraftakt – zumindest so lange, bis Ihr Gehirn bemerkt hat, dass es damit langfristig Energie spart. Doch das weiß Ihr Gehirn nicht, solange es diese Erfahrung noch nicht gemacht hat. Es muss also gewissermaßen in Vorleistung gehen und sich auf unbekanntes Terrain vorwagen. Und *das* ist der Albtraum jedes Lebewesens. Versuchen Sie mal, einen Zoo-Löwen in einen Käfig zu stecken und ihm zu erklären: »Wir bringen dich jetzt in ein viel größeres und schöneres Gehege!«

Sie werden nicht viel Erfolg haben. Das Tier wird sich wehren und will bleiben, wo es ist, obwohl es ihm, objektiv betrachtet, an dem neuen Ort viel besser gehen würde. Ob Sie es wollen oder nicht, auch Sie unterliegen Ihrer animalischen Natur. Es ist Ihr Instinkt, nach »Glück« zu streben, es ist aber auch Ihr Bedürfnis, nicht zu viel zu wagen – Sie könnten schließlich scheitern. Dieser Angst müssen Sie sich aussetzen, wenn Sie das Leben neu entdecken wollen. Ohne Zweifel und Unsicherheit geht es nicht, stellen Sie sich darauf ein. Ihr Gehirn wird versuchen, Sie irgendwie aus dieser Sache herauszureden. In den nächsten Abschnitten habe ich deshalb einige Schwierigkeiten zusammengestellt, denen Sie beim Aufgeben des Glücks begegnen könnten – und ich schlage Ihnen Möglichkeiten vor, wie Sie mit ihnen umgehen können.

## Du bist doch schon fast da

Erinnern Sie sich noch an die Irrwege zum Glück? Wir glauben, durch Problemlösung, den richtigen Partner oder den passenden Beruf, unsere Familie, unseren Körper oder durch Spiritualität zum Glück zu gelangen. Dieser Glaube ist nicht weiter verwunderlich, denn oftmals fühlt es sich für kurze Zeit tatsächlich so an, als hätten wir es jetzt geschafft!

Ich beschreibe Ihnen mal ein mögliches Glücksszenario: Sie haben seit langer Zeit das Problem, eine Arbeit zu finden. Monatelang hagelt es Absagen, aber dann plötzlich wird Ihnen Ihr Traumjob angeboten. Sie fangen mit Ihrer neuen Tätigkeit an und lernen dabei einen Kollegen oder eine Kollegin kennen, in den oder die Sie sich verlieben. Die Partnersuche hatten Sie vor lauter Frustration schon aufgegeben, aber jetzt hat es ganz unverhofft gefunkt. Sie sind überglücklich. Doch damit nicht genug, denn vor lauter Verliebtsein nehmen Sie fünf Kilo ab, die Sie sich während der langwierigen Jobsuche angefuttert haben. Außerdem haben Sie wieder richtig Lust auf Sport. Ihr positives Körpergefühl ist kaum zu übertreffen. Gemeinsam mit Ihrem neuen Partner besuchen Sie einen Yoga-Kurs mit anschließender Meditation, und eines Tages – so etwas haben Sie noch nie erlebt – machen Sie eine Erleuchtungserfahrung, bei der sich die Grenzen zwischen Ihrem Ich und dem aller Lebewesen auflösen. Beflügelt gehen Sie aus der Stunde und freuen sich schon auf die nächste Woche. Ihr Leben ist der absolute Wahnsinn, es ist das perfekte Glück, zumindest wird es das bald sein. Ihr Partner und Sie planen nämlich bereits Nachwuchs. Sie schmieden gemeinsam wundervolle Pläne, sehen sich in Ihren Tagträumen schon selig Ihren Bauch oder den Bauch Ihrer Partnerin streicheln, während Sie sich vorfreudig lächelnd in die Augen blicken. Ihr großes Glück wird bald vollkommen sein.

Und nun komme ich und sage, dass dieses Glück nicht eintreten wird! Ich prophezeie Ihnen, dass es sich niemals so anfühlen wird, wie Sie es sich ausgemalt haben, beweise Ihnen das mit einigen Kartoffeln, die nicht so schmecken wie in Ihrer Vorstellung, und so weiter und so fort. Natürlich rebelliert Ihr Gehirn an dieser Stelle. Es möchte Sie anspornen, nicht aufzugeben. Und wenn Ihnen das erste Kind die absolute Erfüllung nicht bringt, dann vielleicht das zweite oder dritte oder ein gemeinsames Haus im Grünen – Hauptsache, Sie optimieren sich weiter! Ihr Gehirn flüstert Ihnen zu: »Überlege doch nur, wie wundervoll es sich anfühlen wird! Fast hast du es geschafft!«

Natürlich ist dieses Beispiel überzogen, um die Kernaussage zu verdeutlichen. In Ihrem eigenen Leben gibt es mit Sicherheit bessere Beispiele, vielleicht denken Sie: Aber wenn ich wieder mit meiner Exfrau zusammen wäre, würde es mir besser gehen. Oder: Wenn das mit der Firmengründung klappt, schwebe ich auf Wolke sieben. Oder: Wenn ich nächstes Jahr das Retreat in Indien mache, werde ich ein anderer Mensch sein.

Egal, was es ist, Sie haben eine Idee davon, wie Sie zum Glück gelangen. Jeder Mensch hat diese Idee. Und nur weil Sie dieses Buch gelesen haben und Sie der Grundaussage, dass es das Glück nicht gibt, zumindest in Teilen zustimmen, wird diese nicht verschwinden. Sie werden immer wieder das Gefühl haben, »fast da« zu sein. Auch ich denke: Wenn ich das nächste Buch schreiben kann, werde ich überglücklich sein. Mit einem zweiten Kind wäre meine Familie komplett und ich würde mich rundum wohlfühlen. Wenn ich jetzt zum Yoga gehe, bin ich danach tiefenentspannt und im Reinen mit mir und meinem Körper.

Gleichzeitig sind aber auch folgende Gedanken in meinem Kopf: Meine Güte, ich schreibe ein Buch darüber, dass es das Glück nicht gibt, und gleichzeitig suche ich es immer noch. Das ist doch total peinlich und überhaupt nicht authentisch! Wie kann ich endlich damit aufhören?

Was ich Ihnen damit sagen will: *Ihr Gehirn hört niemals auf, das Glück zu suchen.* Es produziert fortlaufend Gedanken, die mit Ihrer Glückssuche zu tun haben. Indem Sie einen Ausweg aus diesem Strudel suchen, werden Sie nur noch weiter hineingezogen, damit Sie bloß nicht aufhören, sich zu optimieren.

Kennen Sie die Szene aus dem ersten *Harry-Potter*-Band, als der tollpatschige Ron in der magischen Killerpflanze, der Teufelsschlinge, landet, die Professor Sprout zum Schutz für den Stein der Weisen aufgestellt hat? Ron wehrt sich, weil ihn die Pflanze unaufhörlich fesselt und zu erdrosseln droht – doch dadurch umwickelt sie ihn bloß noch fester. Die kluge Hermine ruft ihm zu, dass er sich nicht bewegen soll, dann lässt die Pflanze ihn in Ruhe. Aber er schafft es einfach nicht aufzuhören, gegen die Teufelsschlinge anzukämpfen.

Ganz ähnlich ergeht es uns, wenn wir versuchen, unsere Vorstellung vom Glück und die Gedanken an die Verbesserung unseres Lebens loszuwerden. Die ganze Sache wird dadurch bloß erdrückender. Wenn ich meine Gedanken, wie eben beschrieben, bemerke, überlege ich mir: Aha. Mein Gehirn ist also immer noch auf Glückssuche. Und ich nehme mal an, dass das nicht in Ordnung ist und ich meine Glückssuche irgendwie abschalten müsste. Und dann fühle ich mich frei zu entscheiden, ob ich ein weiteres Buch schreiben, ein zweites Kind haben oder zum Yoga gehen will. Wobei diese Gedanken aber nicht die Kontrolle über mein Handeln haben. Sie sind einfach da.

Wir alle werden immer eine Vorstellung vom Glück haben, aber wir können uns darin üben, sie mit Abstand zu betrachten, anstatt ihr blind zu folgen.

Erinnern Sie sich bitte noch mal an eine unserer ersten Übungen, als ich Sie bat, sich Ihre Hände (die für die Vorstellung vom Glück standen) vor das Gesicht zu halten. Solange die Suche nach dem Glück Sie so okkupiert, dass Sie nichts anderes mehr sehen können, entgehen Ihnen wichtige Aspekte Ihres Lebens. Ihre Handlungsfähigkeit ist eingeschränkt. Wenn Sie Ihre Hände senken, sind sie deshalb noch lange nicht verschwunden. Sie haben sie immer noch, aber sie behindern weder Ihre Sicht noch wird Ihr Verhalten, das Sie an den Tag legen möchten, von Ihrer Glücksvorstellung kontrolliert.

Wenn Sie also glauben, das Glück fast erreicht zu haben, bemerken Sie es, als wäre es eine Tatsache, an die Sie sich bereits gewöhnt haben. Als würden Sie einen Ihrer Füße betrachten. Und dann leben Sie weiter, ohne danach zu handeln. Natürlich *können* Sie danach handeln. Wenn Sie in Einklang mit Ihren Werten oder Ihrem Wunsch nach Lebensfreude eine bewusste Entscheidung treffen, kann das sehr erfüllend sein. Wenn Sie jedoch in der Hoffnung auf das Festhalten eines Glücksgefühls alles Mögliche ausprobieren, werden am Ende immer die Enttäuschung und ein Gefühl des Versagens stehen.

Vergessen Sie nie, dass die Evolution Sie nicht nur mit dem Drang ausgestattet hat, sich zu optimieren, sondern auch mit der Fähigkeit, diesen Mechanismus zu durchschauen. Dieses Buch ist eine Einladung, neugierig darauf zu sein, was passiert, wenn wir uns *beider* Aspekte bewusst sind.

## Das Glück gibt es doch

Es kann sein, dass Sie dieses Buch zwar bis hierher gelesen haben, weil Sie meinen Schreibstil ganz passabel finden, doch die Ansicht, dass es das Glück nicht gibt, teilen Sie nicht. Sie finden die Idee kurios, sind sich aber sicher, dass ich unrecht habe. In diesem Fall rate ich Ihnen: Suchen Sie das Glück weiter, solange Sie noch nicht genug haben. Wie ich schon zu Anfang betonte, kann ich Ihnen nicht beweisen, dass das Glück unauffindbar ist – genauso wenig, wie ich mit absoluter Sicherheit behaupten kann, dass sich nicht doch irgendwo auf dieser Welt oder einem anderen Planeten ein geflügeltes Nilpferd verkrümelt. Eventuell müssen Sie auch gar nicht mehr suchen. Sie sind bereits durchgehend glücklich; Ihr Glückslevel ist eine Zehn – selbst wenn sich das Leben von seiner rauen Seite zeigt.

Eine gute Freundin von mir leitete vor einiger Zeit einen Workshop zum Thema »Achtsamkeit zur Stressbewältigung«. Sie hatte einen Teilnehmer, der meinte, niemals im Stress zu sein. *Nie.* Auch wenn es den meisten von uns anders ergeht, steht es uns und in diesem Fall mir nicht zu, Ihnen Ihr Glück abzusprechen (oder dem Teilnehmer zu unterstellen, dass ein vollkommen stressfreies Leben wirklich utopisch klingt). Steigern Sie Ihr Glück einfach und nehmen Sie dieses Buch als Back-up, falls sich Ihr Glückslevel doch einmal ändert. Wenn

Sie dann nicht mehr weiter wissen, bietet dieses Buch einige alternative Möglichkeiten mit der gescheiterten Glückssuche umzugehen.

## Das Nichtstun ist so unangenehm

Ich sprach vorhin davon, in den Genuss zu kommen, mal nichts zu tun. Aber für die meisten Menschen ist das Nichtstun gar kein Genuss, sondern grenzt an Folter. Sie schütteln den Kopf? Probieren Sie es lange genug aus. Es wird Sie geradezu in den Fingern jucken, nach Ihrem Smartphone zu greifen, in der Wohnung herumzulaufen, den Kühlschrank aufzumachen, ein Buch aufzuschlagen oder den Fernseher anzuschalten.

Stellen Sie sich vor: In einer Studie des Sozialpsychologen Timothy Wilson von der University of Virginia verpassten sich die Teilnehmer lieber einen Stromschlag, als fünfzehn Minuten lang tatenlos und mit ihren eigenen Gedanken alleine in einem Raum zu sitzen! Lassen Sie es nicht so weit kommen, dass Selbstverletzung eine Option für Sie wird. Sie müssen sich nicht künstlich Ihren Bedürfnissen und Impulsen widersetzen. Machen Sie bitte kein Drama daraus und holen Sie sich ein Stück Käse aus dem Kühlschrank. Aber wenn Sie sich etwas herausfordern wollen, nutzen Sie unsere Techniken zum Umgang mit unangenehmen Gedanken und Gefühlen.

Und wenn Sie das nächste Mal untätig herumsitzen und sich dabei ein unwiderstehlicher Drang gegen das Nichtstun aufbaut: Beobachten Sie ihn. Der Drang wird abflachen, bis schließlich ein neuer entsteht. Versuchen Sie diesen Mechanismus zu erleben. Es kann Ihnen dabei ja nichts passieren.

Außer, dass Sie bewusst bemerken, wie das so ist. Wozu das Ganze? Nun ja, es hat schon gewisse Vorteile, mit sich alleine sein zu können. Vor allem gibt es einem Selbstbewusstsein. Es bringt auch Gelassenheit mit sich, seine Impulse erst mal wahrzunehmen, bevor man sofort »springt«. Sie werden zum Beispiel bemerken, dass Sie sich am Kopf kratzen wollen, bevor Sie es tun. Überlegen Sie, wie vielen Automatismen Sie sonst unterliegen! Das ist durchaus interessant. Zwingen Sie sich aber keinesfalls, die Erfahrung des Nichtstuns durchgängig wunderbar zu finden – das findet niemand. Das heißt jedoch nicht, dass Sie die Sache sofort wieder aufgeben müssen. Sie können es aber, denn vielleicht liegt es Ihnen eher, sich aktiver zu erholen, ein Buch zu lesen, zu telefonieren oder sogar zu joggen.

## Ich kann mit Werten nichts anfangen

Das kenne ich! Noch vor einigen Jahren konnte ich mich einfach nicht dafür begeistern. Meine in vielen Übungen identifizierten Werte hatten keinerlei Einfluss auf mein Leben. Es war aber wie bei einem Buch, das einem überhaupt nicht gefällt – und dann, ein paar Jahre später, nimmt man es erneut zur Hand und man verschlingt es in einer Nacht. Aus eigener Erfahrung kann ich Ihnen also sagen, dass Werte sehr nutzbringende Richtlinien sein können. Wenn Sie sich morgens vornehmen, freundlich, mitfühlend, verantwortungsbewusst und selbstfürsorglich zu sein, starten Sie anders in den Tag, als wenn Sie sich als Erstes auf Facebook einloggen und anschließend grummelnd ins Bad stolpern. Werte erzeugen ein Gefühl der Lebendigkeit und Selbstbestimmung. Sie haben es in der Hand, *wie* Sie sich verhalten, egal, *was* geschieht.

Wenn Sie dieses Konzept trotzdem nicht überzeugt und es Ihnen fremd ist, wenn es für Sie im wahrsten Sinn keinen »Wert« hat, dann lassen Sie es eine Weile bleiben. Manchmal braucht es Zeit, bis man sich bestimmten Aspekten widmen kann oder will. Vielleicht haben Sie momentan zu viele andere Baustellen und sind schon froh, wenn Sie überhaupt morgens aus dem Bett kommen – ob grummelnd oder freundlich. Seien Sie geduldig mit sich selbst, überstürzen Sie nichts und fühlen Sie sich frei, sich jederzeit wieder mit dem Thema zu beschäftigen. Vielleicht finden Sie auch, dass sich die Sache wirklich toll anhört – aber Sie sind total ratlos, was Ihre eigenen Werte betrifft. Sie haben das Gefühl, Sie haben so etwas gar nicht. Ich kann Ihnen versichern, dass das nicht stimmt. Aus folgendem Grund: Auch wenn dieses Buch ganz unterhaltsam sein mag, könnten Sie bestimmt Spaßigeres mit Ihrer Zeit anfangen, als ein psychologisches Sachbuch zu lesen, oder? Es gibt also bestimmte Werte, die dazu führen, dass Sie sich trotzdem genau dafür entschieden haben und nicht lieber ins Kino gehen. Vielleicht lesen Sie es, um Ihre persönliche Entwicklung zu vertiefen, das wäre sehr selbstfürsorglich. Oder Sie sind neugierig, warum ich behaupte, dass es das Glück nicht gibt. Dazu sind Sie offen für Thesen, die Sie selbst bisher womöglich nicht vertreten haben. Oder Sie denken bei dieser Lektüre an jemand anderen, dem der ein oder andere Impuls aus diesem Buch guttun würde. Selbstfürsorge, Neugierde, Offenheit, Mitgefühl – und Sie dachten, Sie hätten keine Werte!

## Ich kann meine Gedanken und Gefühle
## nicht beobachten

Auch das ist mir nur zu gut vertraut. Es gibt besonders hartnäckige Gedanken und Gefühle, mit denen wir zu verschmelzen scheinen. Es ist, als wäre die »Gedankenmütze« mit einem Sekundenkleber an unseren Kopf festgeklebt worden. Doch das ist kein Problem.

Eigentlich ist es nicht sonderlich bedeutsam, ob wir es schaffen oder nicht schaffen, uns ein Stück weit von unserem Erleben zu lösen. Ein wichtiger Meilenstein ist hingegen, dass es uns überhaupt in den Sinn kommt. Sobald Sie daran denken, dass Sie nicht auf den Gedanken *Mann, bin ich ein Versager! Warum habe ich denn in der Situation nichts gesagt?* reagieren müssen, sind Sie sich bewusst, dass Sie nicht dieser Gedanke *sind*. Der Gedanke wird zum »Objekt«, Sie sind das »Subjekt« und haben eine Wahlmöglichkeit. Das ist prima. Außerdem können Sie auch Gedanken wie *Ich kann mich nicht von diesem verdammten Gedanken lösen! Warum bin ich nicht so gelassen, souverän und lebensfroh, wie es mir diese komische Psychologin in ihrem Buch versprochen hat?* beobachten.

Es ist immer möglich, noch einen weiteren Schritt zurückzutreten. Tun Sie so, als könnten Sie gar nicht auf Ihre Gedanken reagieren und kehren Sie zu der simplen Formel zurück: Stille und Laute. Ihr Gehirn produziert Laute, doch in Ihnen ist auch Stille und die Fähigkeit, nicht auf Ihre Gedanken und Gefühle zu reagieren. Das ist manchmal schwer. Wie es der US-Neuropsychologe Rick Hanson ausdrückt: »Es läuft der evolutionären Schablone zuwider, die Ursachen des Leidens aufzuheben, sich mit allem eins zu fühlen, mit dem sich verändernden Augenblick mitzufließen und von Angenehmem wie Unangenehmem unberührt zu bleiben.«

Es ist eine lebenslange Beschäftigung, sich in der Wahrnehmung Ihres beobachtenden »Ichs« zu üben, es ist eine ziellose Übung, die kein Ende nimmt. Es ist nicht so, dass Sie irgendwann wissen: »Ach ja, jetzt habe ich das unerschütterliche Maß an Gelassenheit erlangt. Nun kann ich endlich aufhören, meine Gedanken und Gefühle zu beobachten.«

Denken ist gleichsam die Atmung Ihres Gehirns. So kontinuierlich wie Ihre Lunge Atem holt, werden Gedanken produziert. Hadern Sie nicht damit. Üben Sie. Nur darum geht es.

## Ich will meine Gedanken und Gefühle nicht beobachten

Dieser Gedanke tritt bei mir häufig auf, wenn ich wütend bin. Ich will mich einfach nicht beruhigen, sondern sauer sein, jemandem die kalte Schulter zeigen und auf diese Weise nach außen kehren, wie verletzt ich bin.

Es ist auch denkbar, dass es Ihnen so mit Trauer geht. Wenn jemand gestorben ist, den Sie sehr lieben, möchten Sie vielleicht in diesem Kummer versinken. Dieser Verlust *soll* schmerzhaft sein, Sie haben kein Interesse, ihn mit Abstand zu betrachten. Das ist verständlich und in Ordnung. Die Option, sich zu einem späteren Zeitpunkt wieder »aufzurappeln« oder, im Falle der Wut, »zu fangen«, ist immer gegeben. Lassen Sie sich Zeit und seien Sie sich darüber bewusst, dass Sie sich für den Moment dafür *entschieden* haben, sich von Ihren Gefühlen einnehmen zu lassen. Sie können sich auch wieder umentscheiden.

Trauer und Wut sind nur zwei Beispiele – es gibt weitaus mehr Gründe, warum Sie Ihre Gedanken und Gefühle nicht beobachten wollen. Vielleicht lehnen Sie die ganze Idee von vornherein ab, weil sie Ihnen zu esoterisch klingt. Schließlich spielt das beobachtende »Ich« auch in vielen spirituellen oder religiösen Zusammenhängen eine Rolle. So basiert Meditation immer auf diesem neutralen Blickwinkel. Ob Sie nun Ihren Atem beobachten oder dem Geräusch einer Klangschale lauschen, es gibt »etwas« in Ihnen, das wahrnimmt, und es gibt »etwas« anderes, das wahrgenommen wird. Das ist schon Ihr ganzes Leben lang so, ob Sie das nun wollen oder nicht, ob es esoterisch ist oder nicht, ob Sie diesen Teil von sich Gott, Buddha, beobachtendes »Ich« oder Käpt'n Blaubär nennen.

Sie haben dieser Tatsache wahrscheinlich bislang nur keine Aufmerksamkeit geschenkt. Als ich mich das erste Mal bewusst umgesehen und den Raum um mich herum wahrgenommen habe und nicht die Gegenstände, die sich in ihm befanden, musste ich furchtbar lachen. Ich musste mir eingestehen, dass ich den Raum immer »übersehen« habe. Dabei ist er nun wirklich kein zu vernachlässigendes Detail! Erst er ermöglicht unser ganzes Leben.

Die Frage ist also nicht, ob Sie ein beobachtendes »Ich« wollen oder nicht, sondern ob Sie sich darin üben möchten, es zu erforschen und die daraus entstehenden Vorteile kennenzulernen. Diese Entscheidung müssen ganz allein Sie treffen.

## Anfangen und Aufhören

Es gibt Zeiten, in denen wir uns sehr intensiv mit unserer Lebensführung beschäftigen, und Zeiten, in denen wir uns kaum Gedanken über das Dasein machen. Stellen Sie es sich so vor: Über das Leben zu reflektieren ist wie der Bau eines Bühnenbilds. Sie beschäftigen sich mit dem Hintergrund – und dann spielen Sie eine Zeit lang Theater, bis Sie der Meinung sind, dass ein Szenenwechsel nötig ist. Beides ist wichtig und hat seine Berechtigung. Ein gutes Theaterstück braucht ein schönes Bühnenbild und ein interessantes Schauspiel.

Scheuen Sie sich nicht davor, immer wieder ein paar der hier beschriebenen Übungen zu machen, auch wenn Sie es vielleicht länger nicht getan haben. Kontinuität entsteht nicht durch sture Dauerhaftigkeit, sondern durch stetes Wiederaufnehmen. Das schließt auch kürzere oder längere Pausen mit ein. Hadern Sie nicht mit sich, und sehen Sie es als ganz natürlich an, wenn Sie merken, dass Sie seit geraumer Zeit schon wieder einem Irrweg zum Glück gefolgt sind. Nehmen Sie es mit Humor. Es gibt kein Ziel. Es geht nicht darum, vorwärtszukommen, sondern das Leben auszukosten und möglichst viel von dem zu bemerken, was in Ihnen und um Sie herum geschieht. Dabei können Sie gar nichts falsch machen.

# KAPITEL 10

# Die Früchte der Glücklosigkeit

*Ernte das Leben wie eine fruchtreife Ähre.*
EURIPIDES

Nach unserem Exkurs über die Widerstände und Schwierig-keiten, die uns bei der Aufgabe des Glücks begegnen können, könnten Sie den Eindruck haben, die ganze Sache wäre ziem-lich anstrengend und kompliziert. Das will ich Ihnen nicht ausreden. Aber ich möchte Ihnen auch erzählen, warum sich dieser Perspektivwechsel meiner Meinung nach lohnt.

Ich habe bereits erwähnt, dass dieses Buch auf dem An-satz der Akzeptanz- und Commitmenttherapie basiert. Die Vorstellung des vollkommenen Glücks führt wiederum zur Erlebensvermeidung, die, Studien zufolge, an vielen psy-chopathologischen Prozessen beteiligt ist. Ebenso ist die Ver-schmelzung mit Gedanken und Gefühlen ein Grund dafür, dass wir unsere psychologische Flexibilität verlieren. Das heißt, wir können nicht mehr so handeln, wie wir es eigent-lich möchten, weil wir uns in unserem eigenen Kopf verlieren und wir von den Geschichten, die er uns erzählt, gefangen genommen werden.

In der ACT geht es deshalb unter anderem darum, Defu-sionstechniken zu erlernen, um sich von Gedanken und Ge-fühlen zu lösen und sie zu entschärfen. Das beobachtende »Ich« ist hierbei ein wichtiges Hilfsmittel. Doch erst mal ist es wichtig, das eigene Erleben überhaupt zu bemerken. Wir müssen mit dem, was gerade in uns und um uns herum geschieht, in Kontakt sein. Auch darum geht es in der ACT. Außerdem schaffen wir Raum für unangenehme Gedanken und Gefühle, wir integrieren sie in »unsere Landschaft«, anstatt sie zu bekämpfen oder vor ihnen zu fliehen. Und warum das alles? Um uns Freiraum zu verschaffen, damit wir uns unserer Werte bewusst werden und engagiert handeln können.

Das sind also die sechs Kernprinzipien der Akzeptanz- und Commitmenttherapie: Defusion, beobachtendes »Ich«, in Kontakt sein, Raum schaffen, Werte und engagiertes Handeln. Es kommt Ihnen mit Sicherheit alles bekannt vor, wir haben uns im Laufe des Buchs allen Aspekten gewidmet. Und nun verrate ich Ihnen etwas Großartiges: Die Wirksamkeit der ACT ist bestens belegt. Aber was genau wird eigentlich bewirkt? Was passiert, wenn wir den Irrweg zum Glück verlassen?

## Das sagt die Forschung

Bevor wir zu den harten Fakten kommen, möchte ich Ihnen noch einmal in Erinnerung rufen, dass Gesundheit und Krankheit ein Kontinuum darstellen. Das ist wichtig, da die ACT einerseits eine Therapieform ist, die bei psychischen Störungen mit klinischem Krankheitswert eingesetzt wird. Andererseits sind Ansatz und Techniken der ACT generell für jeden Menschen von Bedeutung – sie bieten einen Perspektivwechsel, der sich auch auf das Leben von Personen auswirkt, die als psychisch »gesund« gelten.

Wenn ich Ihnen im Folgenden die Studienergebnisse präsentiere, werden Sie feststellen, dass die Akzeptanz- und

Commitmenttherapie vorrangig im klinischen Kontext erforscht wird. Es wird getestet, ob sie einen Einfluss auf psychische Störungen hat. Da wir uns aber alle auf dem Gesundheits-Krankheits-Kontinuum befinden, sind diese Studienergebnisse für uns alle von Interesse. Natürlich ist eine Depression etwas anderes, als sich hin und wieder schlecht zu fühlen. Trotzdem kennt jeder von uns depressive Stimmungen, Angstzustände oder zwanghaftes Verhalten.

Das Bemerkenswerte an allen Studien ist, dass die Interventionen unglaublich kurz sind. Die Teilnehmer bekamen nur einige Stunden die Techniken erklärt (das beobachtende »Ich«, Wahrnehmung von Gedanken und Gefühlen, Übungen zur Identifikation unserer Werte und so weiter) – und allein diese knappen Erklärungen reichten aus, um eine signifikante, das heißt statistisch bedeutsame Veränderung zu bewirken. Wenn das tatsächlich für diagnostizierte psychische Störungen der Fall ist – bedenken Sie, welche Wellen diese Übungen in Ihrem eigenen Leben schlagen können.

Am häufigsten erforscht wurde die ACT im Hinblick auf Depressivität, Angststörungen und Suchterkrankungen. Eine Studie, die 2014 in den USA veröffentlicht wurde, belegt den Zusammenhang von psychologischer Inflexibilität (das automatische Reagieren auf das eigene Erleben, ohne sich davon lösen zu können und wertegeleitet zu handeln) und Depressivität, Angststörungen, Suchterkrankungen und Essstörungen. Das Steigern der psychologischen Flexibilität mittels der Techniken der ACT wirkt sich positiv auf diese Problematiken aus.

Auch spezifische Ängste können mit der Akzeptanz- und Commitmenttherapie erfolgreich behandelt werden. Eine Studie aus dem Jahr 2012, die an der Drexel University in Philadelphia durchgeführt wurde, belegte die Wirksamkeit von sechs wöchentlichen ACT-Sitzungen auf die Angst, öffentlich zu sprechen. Die Forscher fanden heraus, dass sich insbesondere die Fähigkeit, mit dem eigenen Erleben in Kontakt zu sein, sowie Defusionstechniken als nutzbringend erwiesen. Sie können sich das leicht so vorstellen: Nehmen Sie an, Sie müssten gleich auf einem Kongress einen Vortrag halten. Wenn Sie keine Idee davon haben, wie Sie mit Ihren Ängsten und Selbstzweifeln umgehen, versinken Sie in ihnen und trauen sich womöglich nicht, vor das Publikum zu treten. Wenn Sie jedoch eine Anleitung erhalten haben, wie Sie Ihre Emotionen und Kognitionen wahrnehmen, und wenn Sie wissen, dass Sie fähig sind, *mit* ihnen auf die Bühne zu gehen, hat Ihr unmittelbares Erleben seine Macht über Sie verloren.

Es gibt auch Zusammenfassungen und Auswertungen von sehr vielen Forschungsergebnissen aus unterschiedlichen Studien, sogenannte Metaanalysen. Eine Metaanalyse aus dem Jahr 2014, die von Wissenschaftlern in den Niederlanden, USA und in Saudi-Arabien durchgeführt wurde, fasste die Ergebnisse von neununddreißig Studien zusammen, die die Effektivität der ACT geprüft haben. Sie schlussfolgerte, dass die Akzeptanz- und Commitmenttherapie effektiv bei Angststörungen, Depressionen, Sucht und körperlichen Gesundheitsproblemen angewandt werden kann. Angst, Depressionen und Sucht – das kennen wir schon aus anderen Studien. Neu sind die körperlichen Gesundheitsprobleme.

Insbesondere bei chronischen Schmerzen bietet die ACT Möglichkeiten, mit ihnen umzugehen, sodass die Lebensqualität weniger eingeschränkt wird. Genauso wie wir mithilfe dieser Therapieform lernen, psychische Phänomene neutral zu beobachten, geht man bei körperlichen Empfindungen vor. Die Empfindungen oder Schmerzen verschwinden dadurch nicht, aber wir können eine weitere Ebene in uns entdecken, die schmerzfrei ist. Das kann eine große Hilfe sein.

Ich selbst habe diese Defusionstechniken auf den körperlichen Schmerz bei der Geburt angewandt und am eigenen Leib erfahren, dass es möglich ist, zumindest zeitweise, den Schmerz neutral zu fokussieren. Natürlich verschmilzt man zwischendurch erneut mit ihm, aber indem man immer wieder »auftauchen« kann, wird es erträglicher. Wie ein Schwimmer, der den Kopf zum Luftholen rhythmisch aus dem Wasser hebt.

Doch es gibt noch weitere interessante Auswirkungen der ACT. Eine Studie der University of Nevada und der George Washington University von 2014 ergab, dass die ACT unser Selbstmitgefühl steigert und unser Stresslevel senkt. Und das nach einem nur sechsstündigen Workshop!

Zu ähnlichen Ergebnissen kam eine Studie aus dem Jahr 2011, die diese Therapieform als Intervention gegen Stress bei Sozialarbeitern untersuchte. Die Forscher fanden heraus, dass die Akzeptanz- und Commitmenttherapie Stress mindert, die Symptome von Burn-out reduziert und zur allgemeinen mentalen Gesundheit beiträgt.

In einer australischen Studie, die 2014 veröffentlicht wurde, war der Zusammenhang von Werten, Wohlbefinden und Burn-out untersucht worden. Die Wissenschaftler kamen zu dem Schluss, dass Übungen, die zur Klärung der eigenen Werte beitragen, das Gefühl der Bedeutsamkeit der eigenen Arbeit beleben, das Wohlbefinden steigern und Burn-out vorbeugen.

Eine andere beeindruckende Studie, die schon 2002 publiziert wurde, ging den Auswirkungen der ACT auf Menschen mit einer psychotischen Erkrankung und sogenannten positiven Symptomen nach, das heißt Halluzinationen und

Wahnvorstellungen. Nach nur vier Sitzungen, in denen die Teilnehmer in ACT-Techniken geschult wurden, konnte die Zahl der Klinikaufenthalte in den nachfolgenden vier Monaten, verglichen mit einer Kontrollgruppe, um fünfzig Prozent verringert werden! Ein interessanter Aspekt hierbei war, dass die Teilnehmer der ACT-Gruppe zwar von mehr Symptomen berichteten, diesen aber weniger Glaubwürdigkeit beimaßen. Es ist also nicht so, dass die Halluzinationen oder Wahnvorstellungen verschwinden – im Gegenteil, durch die genaue Beobachtung nimmt man sie sogar mehr wahr –, doch die Betroffenen stehen weniger in Konflikt mit diesen Erlebnissen. Sie sind einfach da, aber es ist nicht nötig, auf sie zu reagieren und sich selbst oder andere dadurch in Gefahr zu bringen. Dieses Ergebnis ist vielversprechend, weil Schizophrenie als quasi unheilbar gilt und Halluzinationen, selbst mit einer guten medikamentösen Behandlung, nicht immer beizukommen ist. Die ACT stellt dieser Studie zufolge eine Möglichkeit dar, mit ihnen umzugehen, anstatt sie loszuwerden. Dies könnte den Leidensdruck der Betroffenen massiv verringern.

Eine Studie aus dem Jahr 2006 untersuchte die Effektivität einer achtwöchigen ACT-Intervention im Hinblick auf Zwangsstörungen. Die Teilnehmer zeigten nach der Intervention ein signifikant geringeres Zwangsverhalten, berichteten positive Veränderungen in Bezug auf Ängste und Depressivität, außerdem belegte die Untersuchung, dass die Erlebensvermeidung abnahm (die Teilnehmer waren bereit, sich unangenehmen Gedanken und Gefühlen zu stellen) sowie die Glaubwürdigkeit der Zwänge und damit der Drang, auf sie zu reagieren.

Auch in der Überwindung von traumatischen Ereignissen hat die Akzeptanz- und Commitmenttherapie Erfolge vorzuweisen. Eine US-amerikanische Studie von 2005 belegte ihre

Wirksamkeit im Hinblick auf die Behandlung von posttraumatischen Belastungsstörungen. Indem die ACT nicht daran ansetzt, die Gedanken oder Bilder des Traumas zu bekämpfen, kommt es zu einer Erleichterung der Symptomatik. Sie dürfen da sein und müssen gleichzeitig nicht dazu führen, das eigene Leben einzuschränken.

Eine besonders interessante Studie von Forschern der University of Vermont und dem Middlebury College in Vermont untersuchte 2015 den Zusammenhang von psychologischer Flexibilität bezogen auf die Kindererziehung. Kinder von Eltern, die »psychologisch flexibel« sind (die in Kontakt zu ihren Gedanken und Gefühlen stehen und wertegeleitete Entscheidungen treffen können), tendieren dazu, ihre Probleme zu externalisieren, anstatt sie zu internalisieren. Das heißt, sie besitzen ähnlich wie ihre Eltern die Fähigkeit, eine Distanz zu einem bedrückenden Problem herzustellen, anstatt sich mit ihm zu identifizieren. Dies kann in erheblichem Maße das Wohlbefinden beeinträchtigen.

Sie merken: Die Akzeptanz- und Commitmenttherapie wurde in vielen Zusammenhängen erforscht und ist in ihrer Wirksamkeit so gut belegt wie kaum eine andere Therapieform. Es gibt sogar eine Studie der Utah State University, die 2010 die positiven Auswirkungen der ACT in Bezug auf »problematisches Pornogucken im Internet« belegt!

Die von mir beschriebenen Untersuchungen sind also nur ein Bruchteil dessen, was die Forschung zu bieten hat. Dieser kleine Einblick soll Ihnen zeigen, dass es erwiesenermaßen Konsequenzen hat, den Weg zum Glück aufzugeben, dass wir uns verändern, wenn wir unser Leben aus einer anderen Perspektive betrachten.

## Der glücklose Georg

Studienergebnisse sind sehr aufschlussreich und interessant. Aber sie erzählen uns nichts über einzelne Personen, über die kleinen Erfolge, Stagnationen und Stolperstellen. Deshalb möchte ich Ihnen von Georg berichten, dessen Ziel es war, »ordentlicher und organisierter« zu werden. So drückte er es aus.

Georg erklärte, seine Wohnung sei furchtbar unaufgeräumt, wichtige Unterlagen, Belege und Rechnungen würde er nicht finden, auch würde er sich nicht trauen, jemanden zu sich einzuladen. Freunde hätten ihm schon gesagt, dass er sein Chaos unbedingt in den Griff kriegen müsse, und jetzt schäme er sich, dass er es nicht schaffe.

Wenn mir jemand im Gespräch sagt, er möchte »so oder so werden«, frage ich mich sofort: »Und dann?«

Es stellte sich heraus, dass bei Georg ein ganzer Rattenschwanz an Wünschen und Versprechungen an dieser Chaos-Sache dranhing. Er sehnte sich zum Beispiel nach einer Freundin und schwor sich, eine zu finden, wenn denn seine Wohnung vorzeigbarer sei. Er glaubte, dass ihn das attraktiver und selbstbewusster machen würde. Außerdem hatte er die Hoffnung, dass sich viele Probleme einfach in Luft auflösen würden, wenn er wichtige Dokumente finde und sie richtig abhefte. Er könnte beispielsweise seine Steuererklärung machen, und dann würde es ihm besser gehen. Mein Eindruck war, dass es Georg eigentlich ganz gut ging. Er spielte in einer Band, brachte mir stolz die selbst produzierten CDs mit, hatte ein abgeschlossenes Psychologie-Studium, eine Arbeit und einen festen Freundeskreis. Aber ich merkte auch, dass es ihn wurmte, dass er war, wie er war:

chaotisch – und wenn es um Bürokratie ging, äußerst unzuverlässig.

Georg fühlte sich nicht so, wie er sich fühlen wollte, er kam nicht an seine Vorstellung vom Glück ran, und das wollte er ändern. Nach seinen Ausführungen kreisten mir zwei Dinge im Kopf herum:

Georg war auf einem Irrweg zum Glück.
Georg musste seine Steuererklärung machen.

An dieser Stelle hätte ich einfach einen Zielsetzungsplan mit Georg machen können (die Psychologie bietet Möglichkeiten, genaue Aktionspläne zu erstellen, die im Idealfall zum Erreichen bestimmter Ziele führen), aber mir dämmerte, dass er sich danach immer noch genauso unvollkommen und unbehaglich fühlen würde wie zuvor.

Also erzählte ich ihm erst einmal, dass es mir ganz ähnlich gehe. Ich würde Dokumente und Unterlagen auch in irgendwelche Kisten schmeißen, wäre froh und dankbar, wenn ich nach langem Suchen das richtige Schreiben finden würde. Anschließend machte ich einige Übungen zum Thema Selbstmitgefühl mit ihm. Ja, die Bürokratie verlangt uns allen verdammt viel ab, das *ist* anstrengend und überfordernd, und es ist nur natürlich, dass er sich erschlagen fühlt. So geht es vielen von uns, nur wissen wir das meist nicht voneinander. Ich meine, wann haben Sie zuletzt jemanden gefragt, wo er seinen Sozialversicherungsausweis abgeheftet hat? Eben!

Irgendwo habe ich mal gelesen, dass es für Mönche recht einfach sei, in schöner Umgebung und Ruhe, ohne weltliche Sorgen, so gelassen zu sein, und dass man sie nur mal vor die Anforderungen eines Normalbürgers stellen sollte (Stichwort Steuererklärung!), und schon sähe das anders aus.

Georg hielt sich natürlich weiterhin für einen hoffnungslosen Fall, ich hatte nichts anderes erwartet. Mein Ziel war es auch nicht, ihn umzustimmen, sondern zusätzlich zu seinen Zweifeln und seinem Hadern etwas Mitgefühl für sich selbst zu erzeugen. So, als hätte ich neben vielen anderen (unangenehmen) Dingen noch einen Baum in seiner inneren Landschaft gepflanzt.

Als Nächstes erzählte ich ihm von der Möglichkeit, man könne ja denken, man sei ein hoffnungsloser Fall, ohne jedoch auf diesen Gedanken einzugehen. Er entdeckte auf diese Weise sein beobachtendes »Ich« und hatte sogar Spaß daran, sich dabei zu »ertappen«, wenn er sich wegen seiner Unordentlichkeit selbst fertigmachte. Weder ich noch er diskutierten mit der Ansicht seines Gehirns, dass er es doch besser machen könne – wir ließen es einfach reden, sich sorgen und kritisieren. Georg berichtete mir immer davon, wenn wieder einer dieser Gedanken auftauchte.

Wir widmeten uns auch seinem Gefühl, dass er sich wegen dieser Ordnungssache unzulänglich fühlte, und seiner Vorstellung, dass alles besser wäre, wenn er sich erfolgreich in das Bürokratiekorsett zwängte. Dabei ging es gar nicht darum, diese Ansichten zu verändern, sondern sie ans Licht zu bringen.

Georg glaubte nämlich weiterhin, er würde glücklich sein, wäre seine Wohnung aufgeräumter. Ich fragte ihn, was er schon alles unternommen habe, um sein Unbehagen loszuwerden. Das Interessante daran war, dass er vor einigen Jahren sogar schon mal all seine Papiere astrein sortiert hatte – nur hatte ihn das nicht glücklicher gemacht. Langsam, aber sicher hatte sich seine Ordnung dann wieder verflüchtigt. An dieser Stelle trat ein fast kontemplatives Schweigen ein.

Begreifen Sie, was Georg tat? Er hatte sich nach seinem gescheiterten Glücksversuch zurück in sein Chaos katapultiert, um seine Vorstellung vom Glück weiter aufrechterhalten zu können! Nun war er bereit, eine neue »Aus-dem-Chaos-ins-Glück«-Runde zu drehen – und auf dem besten Wege, erneut enttäuscht zu werden.

Je mehr Georg mir darlegte, was er schon alles unternommen hatte, um sein Gefühl des Unbehagens loszuwerden, desto hoffnungsloser wurde er, dass eine fristgerechte Steuererklärung ihm letztendlich dabei helfen konnte. In Georg vollzog sich ein Perspektivwechsel. Mit der Zeit sprachen wir immer weniger über das Aufräumen seiner Wohnung, stattdessen fragte ich ihn, was hinter diesem Ziel stand – was war ihm daran so wichtig? Mit anderen Worten: Wir redeten über seine Werte. Über Verantwortung, Selbstfürsorge, Liebe, Leidenschaft (in seinem Fall speziell für die Musik). Wir entdeckten, dass diese Werte sehr präsent in seinem Leben waren, dass er bereits viel Verantwortung übernahm – er hatte eine Wohnung, zahlte seine Miete (auch wenn er seinen Mietvertrag nicht mehr fand), kaufte ein, kochte, ging zur Arbeit, spielte Bass und traf regelmäßig seine Freunde.

Ja, Georg wünschte sich nach wie vor eine Freundin. Aber der Gedanke, dass er seinen Wert »Liebe« auch innerhalb seiner Familie und seines Freundeskreises bereits *jetzt* leben konnte, überraschte ihn. Er beschloss, seine Schwester in Paderborn zu besuchen und das Band zwischen ihnen enger zu knüpfen.

Wir beschäftigten uns noch mit ein paar weiteren Zielsetzungen in Zusammenhang mit seinen Werten, und irgendwann sagte Georg, dass er jetzt trotzdem mal seine Steuererklärung machen müsse. Ich stimmte zu. Also erarbeiteten wir einen Zielsetzungsplan, an den sich Georg mit einigen Verzögerungen hielt.

Die Abgabe seiner Steuererklärung machte Georg nicht glücklicher. Er war immer noch der »glücklose Georg«. Der Unterschied war, dass er nun wusste, dass er das Glück gar nicht brauchte.

# KAPITEL 11

# *Liebeserklärung an sich selbst*

*Was machen Sie? Nichts.*
*Ich lasse das Leben auf mich regnen.*
RAHEL VARNHAGEN

Angenommen, die letzten zehn Kapitel haben Sie mitgerissen und Sie sind begeistert von der Idee, dass Sie das Glück nicht länger suchen müssen. Sie denken: Ab jetzt wird mein Leben so viel besser! Wenn Sie das denken, müssen Sie das Buch bitte gleich noch einmal lesen. Ihr Leben wird nicht besser. Das Glück nicht mehr zu suchen ist *nicht* die Hintertür zum Glück. Das Glück gibt es nicht. Wenn Sie das wirklich verstehen, entdecken Sie unerschütterliche Gelassenheit, ungeahntes Selbstbewusstsein, ausnahmslose Souveränität, pure Lebensfreude und unschlagbare Authentizität. Doch all diese Eigenschaften werden durch einen gemeinsamen Nenner ermöglicht: psychische Stabilität.

Stellen Sie sich vor, Sie hätten bisher nur Ihre positiven Gedanken und Gefühle geduldet, denn sie fühlten sich richtig und angenehm an und kamen besonders nahe an Ihre Vorstellung vom Glück heran. Das ist jedoch so, als hätten Sie immer nur auf einem Bein gestanden. Indem Sie Ihre Vorstellung vom Glück aufgeben, entdecken Sie Ihr zweites Bein. All die Gedanken, Gefühle und Umstände, die Sie zuvor für »falsch« hielten, weil Sie unangenehm und düster waren. Mit zwei Beinen können Sie viel mehr anstellen als mit einem. Sie können überall hingehen, sich etwas trauen, beweglich sein, flexibel – und Sie haben einen festen Stand. Damit können Sie auch andere besser (unter-)stützen. Sie wanken nicht mehr auf Ihrem Glücksbein und fallen nicht andauernd auf die Nase.

Psychische Stabilität bedeutet, mit beiden Beinen im Leben zu stehen. Nichts kann Sie mehr einholen, weil Sie vor nichts fliehen. Nichts kann Sie mehr besiegen, weil Sie nicht mehr kämpfen. Sie sind offen für alles, was das Leben Ihnen bietet. Sie lassen sich voll und ganz von ihm erfüllen.

Moment mal, fragen Sie sich, aber das heißt doch, dass mein Leben besser wird, oder? Vielleicht können Sie diese Frage rational zeitweise mit »Ja« beantworten, aber emotional stimmt das definitiv nicht. Sie unterliegen weiterhin der gesamten Bandbreite menschlicher Gefühle und haben nicht häufiger (oder sogar ausschließlich) positive Empfindungen, bloß weil Sie sich nichts mehr aus der Suche nach dem Glück machen. Im Gegenteil!

Erinnern Sie sich an die Patienten mit Schizophrenie, die sogar mehr Symptome wahrnahmen. Es ist möglich, dass Sie offener für Ihr Erleben werden und deshalb auch mehr Unangenehmes spüren. Das bedeutet, dass Sie es zulassen und damit umgehen können. Was für eine wunderbare Entdeckung!

Stellen Sie sich vor, Sie sind in der Wildnis und wissen genau, wie Sie mit wilden Tieren umgehen. Sie würden sich gleich sicherer und stärker fühlen, oder? Genau so dürfen Sie sich in Bezug auf die Herausforderungen des Lebens fühlen. Sie können das. Trotzdem wird die Begegnung mit den wilden Tieren nicht sonderlich angenehm, genauso wenig, wie die Schattenseiten des Lebens jemals sonniger werden.

Zum Schluss möchte ich deshalb noch einmal an Sie appellieren: Ändern Sie nichts! Lassen Sie alles so, wie es ist. Auch Ihre Vorstellung vom Glück. Werden Sie sich ihrer bewusst und entdecken Sie Ihren Handlungsspielraum, anstatt ihr blind zu folgen. Aber versuchen Sie nicht, sie auszuradieren. Sie ist ein Teil von Ihnen, Teil Ihres Menschseins. Seien Sie mitfühlend mit sich. Seien Sie mitfühlend mit den Menschen um Sie herum, die in ihrem Gefühl, nicht genug zu sein, versinken. Durchschauen Sie unsere Lebenswelt, in der es darum geht, anders und besser zu werden – bis wir unseren letzten Atemzug tun und feststellen, dass wir niemals dort angekommen sind, wo wir hinwollten.

Durchbrechen Sie dieses Muster, indem Sie aus dem Traum vom Glück aufwachen. Es gibt kein Ziel. *Das* ist Ihr Leben, und so soll es sein. All Ihre Zweifel, Trauer, Freude, Ihre unbeantworteten Fragen, Ihr Unbehagen, Ihre Hoffnung und Ihre Zufriedenheit, alles, was Sie gerade fühlen und wahrnehmen. Das Glück aufzugeben ist eine Liebeserklärung an sich selbst. Es ist die pure und absichtslose Wertschätzung des Lebens, wie es ist.

ANHANG

Eine Liste angenehmer Tätigkeiten (in Anlehnung an den Psychologen und Psychotherapeuten Martin Hautzinger)

- Ins Grüne fahren
- Ein Gedicht auswendig lernen
- Fensterschmuck basteln
- Fotografieren oder filmen
- Jemandem ein Geschenk machen
- Für einen guten Zweck spenden
- Sich über Sport unterhalten
- Zu einem Konzert gehen
- Federball spielen
- Ausflüge oder Urlaubsfahrten planen
- Sich selbst etwas kaufen
- Kletterfahrten oder Bergtouren machen
- Ein Bild malen oder zeichnen
- Die Bibel oder andere religiöse Schriften lesen
- Golf oder Minigolf spielen
- Auf- oder umräumen
- Nackt herumlaufen
- Zu einer Sportveranstaltung gehen
- Zu Rennveranstaltungen gehen (Pferde-, Auto-, Bootsrennen)
- Tipps und Ratschläge zur Selbsthilfe lesen
- Romane, Erzählungen, Theaterstücke oder Gedichte lesen
- Ein Lied oder Musikstück komponieren und einen Text dazu schreiben

- Auto fahren
- Segeln, Motorboot oder Kanu fahren
- Die Wohnung umdekorieren
- Seinen Eltern eine Freude bereiten
- Antiquitäten restaurieren, Möbel aufarbeiten
- Fernsehen (zum Beispiel eine neue TV-Serie beginnen)
- Zelten
- Sich politisch betätigen
- Karten spielen
- Puzzeln
- Kreuzworträtsel lösen
- Grundlos lachen
- Sich mit einem technischen Gerät vertraut machen, tüfteln
- An Hochzeiten, Taufen usw. teilnehmen
- Bowlen, kegeln
- Tiere beobachten
- Garten-, Landschafts- oder Hofarbeiten verrichten
- Fachliteratur oder Fachbücher lesen
- Neue Kleidung tragen
- Tanzen
- In der Sonne sitzen
- Motorrad fahren
- Etwas Neues beginnen, zum Beispiel ein Fernstudium
- Nur so herumsitzen
- Nachdenken
- Einen Vergnügungspark besuchen
- Sich über Philosophie oder Religion unterhalten
- Etwas planen und organisieren
- Den Geräuschen der Natur lauschen
- Radio hören
- Freunde einladen

- An einem sportlichen Wettbewerb teilnehmen
- Geschenke machen
- Massiert werden oder massieren
- Sich die Haare färben
- Freunde oder Bekannte besuchen
- Den Himmel, Wolken oder den Regen beobachten
- Sich im Freien aufhalten
- Picknicken oder grillen
- Basketball oder Volleyball spielen
- Einer älteren Person im Bus den Platz anbieten
- Sich um eine neue Arbeit bewerben
- Mit Freunden oder Bekannten essen
- Tennis spielen
- Lange Strecken mit dem Zug fahren
- Holz- oder Schreinerarbeiten ausführen
- Sich mit Tieren beschäftigen
- Verreisen
- Eine Unterhaltung beginnen
- In einem Chor singen
- Umwege machen
- Romane, Erzählungen, Theaterstücke oder Gedichte selbst schreiben
- Ein Stück Torte essen
- Zu einer Party gehen
- Eine Fremdsprache sprechen
- An einer Tagung teilnehmen
- Zu kirchlichen Veranstaltungen gehen
- Versammlungen von gemeinnützigen oder sozialen Vereinen besuchen
- Ein Musikinstrument spielen
- Skilaufen
- Schauspielerisch tätig sein

- Ein Nickerchen machen
- Lebensmittel einmachen
- Vor sich hin singen
- Billard spielen
- Mit seinen Kindern/Enkelkindern zusammen sein
- Schach oder Dame spielen
- Zum Zirkus, ins Aquarium oder in den Zoo gehen
- Etwas entwerfen
- Make-up auflegen
- Witze anhören
- Eine Wette eingehen
- Über die eigenen Kinder oder Enkel sprechen
- Ein Restaurant oder eine Bar aufsuchen
- Über seine Gesundheit sprechen
- Ringen oder boxen
- Schießsport betreiben
- Sich die Nägel lackieren
- In einer Musikgruppe spielen
- Wandern
- Telefonieren
- Tagträumen
- Boccia spielen
- Jonglieren
- Ein Museum oder eine Ausstellung anschauen
- Tagebuch schreiben
- Angeln gehen
- Etwas verleihen
- Einen Kuchen backen
- Sich bei jemandem bedanken
- Jemanden beraten
- In ein Fitnesscenter gehen
- Eine Sauna besuchen

- Etwas Neues lernen, zum Beispiel eine Fremdsprache
- Jemandem Komplimente machen oder loben
- Über Leute nachdenken, die man mag
- Mit seinen Eltern zusammen sein
- Reiten
- Schweigen
- Jemanden umarmen
- Am Strand liegen
- Ins Kino gehen
- Küssen
- Allein sein
- Essen zubereiten
- Jemandem einen Streich spielen
- In eine Bibliothek gehen
- Fußball oder Handball spielen
- Vögel beobachten
- Einen Einkaufsbummel machen
- Ein Feuer anzünden und beobachten
- Gegenstände reparieren
- Rad fahren
- Party- und Gesellschaftsspiele spielen
- Briefe oder Karten schreiben
- Über Politik oder öffentliche Angelegenheiten sprechen
- Passanten beobachten
- Leute anlächeln
- Im Sand oder Gras spielen
- Über andere Leute reden
- Mit seinem Partner zusammen sein
- Sich um Zimmerpflanzen kümmern
- Mit Freunden Kaffee oder Tee trinken
- Verschiedene Dinge sammeln (Steine, Briefmarken, Figuren)

- Einen Spaziergang machen
- Nähen
- Jemandem sagen, dass man ihn/sie liebt
- Einen Imbiss zu sich nehmen
- Abends lange aufbleiben
- Ein Ehrenamt ausüben
- Jemanden verteidigen oder in Schutz nehmen
- Ein Theaterstück besuchen
- Etwas ausleihen
- Reisen
- An einer Gruppenreise teilnehmen
- Eine Party oder ein gemütliches Beisammensein veranstalten
- Eine Blume oder Pflanze sehen/daran riechen
- Parfum benutzen
- Mit jemandem derselben Meinung sein
- In Erinnerungen schwelgen, von früheren Zeiten sprechen
- Eine Gesichtsmaske auflegen
- Morgens früh aufstehen und den Sonnenaufgang sehen
- Sich an einem ruhigen Ort aufhalten
- In der Badewanne liegen
- Experimente/wissenschaftliche Versuche durchführen
- Sich beraten lassen, einen Rat erteilt bekommen
- Beten
- Per Anhalter reisen
- Meditation oder Yoga betreiben
- Sich entspannen
- Zeitung lesen
- Leute zum Lachen bringen
- Tischtennis spielen
- Schwimmen
- Jemandem aufmerksam zuhören

- Laufen oder joggen
- Musik hören
- Sexuelle Aktivitäten
- Ein Wurfspiel oder Fangen spielen
- Stricken, häkeln, sticken
- Kuscheln
- Zu einem Friseur oder einer Kosmetikerin gehen
- Zeitschriften lesen
- Ausschlafen

Eine Liste mit Werten (in Anlehnung an Russ Harris,
ACT-Coach in Melbourne)

**Abenteuer** Bereitwillig neue, spannende oder außerge-
wöhnliche Erfahrungen machen und dabei risikofreudig
sein.

**Achtsamkeit** Bewusste Wahrnehmung dessen, was gerade
passiert.

**Akzeptanz** Sich selbst, andere Menschen und Situationen
bedingungslos annehmen.

**Attraktivität** Sich darauf fokussieren, ansprechend zu sein,
auszusehen und/oder sich zu verhalten, sich selbst und
anderen zu gefallen.

**Authentizität** Sich nicht für andere verstellen, sich selbst
treu bleiben.

**Autonomie** Keine oder wenig Abhängigkeiten zu anderen
herstellen, selbstständig leben.

**Beharrlichkeit** Für seine Sache kämpfen und Widerständen
trotzen.

**Bildung** Sein Wissen erweitern, bereit sein, jederzeit Neues
zu lernen.

**Dankbarkeit** Wertschätzung dessen, was man hat.

**Demut** Sich selbst, andere und die Welt wertschätzen, sich
selbst zurücknehmen.

**Ehrlichkeit** Anderen gegenüber die Wahrheit sagen und sie
sich selbst eingestehen.

**Ehrgeiz** Gezieltes Verfolgen eigener Vorsätze, sich nicht von
Rückschlägen einschüchtern lassen, nach etwas streben.

**Fitness** Den eigenen Körper oder Geist trainieren.

**Flexibilität** Sich bereitwillig auf Neues einlassen, Bereitschaft, umzudenken.

**Freiheit** Sich selbst und anderen Raum lassen, Entscheidungsmöglichkeiten entdecken und anderen zugestehen.

**Freundlichkeit** Sich selbst und anderen gegenüber zugewandt sein, Höflichkeitsregeln berücksichtigen.

**Fürsorge** Eigene und fremde Bedürfnisse wahrnehmen und darauf reagieren, sich anderen und der Welt zuwenden, sich gut kümmern.

**Geduld** Sich selbst und anderen Zeit lassen, die Ruhe bewahren.

**Genuss** Erfahrungen auskosten und die Freude daran bewusst wahrnehmen.

**Genügsamkeit** Mit dem zufrieden sein, was man hat, nicht mehr wollen, als man braucht.

**Gerechtigkeit** Fair gegenüber sich selbst und anderen sein, Regeln aufstellen und einhalten.

**Gleichheit** Wahrnehmen, dass es keine Unterschiede zwischen den Lebewesen gibt, und danach handeln.

**Gleichmut** Sich selbst, anderen und der Welt mit einer ausgeglichenen, unerschütterlichen Haltung begegnen.

**Großzügigkeit** Bereitwillig geben, ohne eine Gegenleistung zu erwarten.

**Güte** Sich selbst und anderen gegenüber nachsichtig sein und wohlwollend behandeln.

**Humor** Die heitere Seite des Lebens sehen und auch schwierigen Situationen etwas Lustiges abgewinnen.

**Intimität** Intensive Nähe zueinander.

**Intuition** Sein Bauchgefühl wahrnehmen und darauf hören.

**Konformität** Auf Regeln und Gesetze achten und danach handeln.

**Kooperation** Bereitschaft, Kompromisse einzugehen und sich selbst als Teil eines Ganzen zu betrachten.

**Kreativität** Etwas aus seinem Inneren erschaffen, ohne sich durch den Verstand leiten zu lassen.

**Leidenschaft** Sich einer Sache oder einer Person hingebungsvoll und enthusiastisch widmen.

**Liebe** Bedingungslose Zuneigung.

**Mitgefühl** Sich in andere hineinversetzen und versuchen, ihr Leiden zu verstehen und darauf Rücksicht zu nehmen.

**Mut** Nicht vor risikoreichen Situationen oder Herausforderungen zurückschrecken, etwas wagen.

**Neugierde** Wissensdurst hegen und die Welt erkunden.

**Offenheit** Bereitschaft, neue Erfahrungen zu machen.

**Optimismus** Sich der positiven Aspekte seines Lebens bewusst sein und vertrauensvoll in die Zukunft sehen.

**Respekt** Sich selbst, anderen und der Welt mit einer aufrichtigen Haltung begegnen.

**Schönheit** Die Welt um sich herum als vollkommen wahrnehmen, seinen Blick auf die eigenen Schönheiten richten.

**Selbstfürsorge** Sich um sich selbst kümmern und für sich sorgen.

**Selbstkontrolle** Sich diszipliniert verhalten, trotz gegensätzlicher Impulse die Haltung bewahren.

**Sexualität** Sich selbst und andere in ihrer Körperlichkeit schätzen, sexuelle Handlungen.

**Sicherheit** Sich risikoarm verhalten, sich Gefahren bewusst sein und auf sie achten.

**Sinnlichkeit** Sich den Wahrnehmungen unserer fünf Sinne hingeben.

**Spaß** Freude an Tätigkeiten haben.

**Spiritualität** Sich mit geistigen, philosophischen, religiösen Themen auseinandersetzen, Glaube.

**Stärke** In sich gefestigt sein und aus dieser Haltung heraus agieren.

**Unabhängigkeit** Sich seine eigene Souveränität bewahren.

**Unterstützung** Wahrnehmen, wenn wir selbst oder andere Hilfe brauchen, und diese zur Verfügung stellen beziehungsweise sie sich suchen.

**Verantwortung** Seine Pflichten und Aufgaben wahrnehmen und sie erfüllen, sich Fehler eingestehen und Konsequenzen tragen.

**Verbindung** Den Kontakt mit sich selbst, anderen und der Welt mittels Sinnen und Kommunikation herstellen.

**Vergebung** Sich seine eigenen Fehler und anderen ihre Fehler verzeihen.

**Vertrauen** Trotz Unsicherheiten an die Sinnhaftigkeit des Lebens glauben, den eigenen Lebensweg annehmen.

## Weiterführende Literatur

Wenn Sie sich weiter mit den Themen Glück und Umgang mit unangenehmen Gedanken und Gefühlen, mit den Irrwegen zum Glück, mit der Akzeptanz- und Commitmenttherapie und Werten beschäftigen möchten, kann ich folgende Bücher empfehlen:

Busson, Su *Ich. Bin. Jetzt.* Wien 2013

Hanson, Rick, und Richard Mendius *Das Gehirn eines Buddha.* Freiburg im Breisgau 2010

Harris, Russ *Wer dem Glück hinterherrennt, läuft daran vorbei.* München 2013

Kornfield, Jack *Nach der Erleuchtung Wäsche waschen und Kartoffeln schälen. Wie spirituelle Erfahrung das Leben verändert.* München 2010

Parkin, John C. *Fuck it! Loslassen – Entspannen – Glücklichsein.* München 2010

Rinpoche, Yongey Mingyur *Buddha und die Wissenschaft vom Glück.* München 2007

Thich Nhat Hanh *Ich pflanze ein Lächeln.* München 2007

Und wenn Sie sich in erzählerischer Form mit der Veränderung von Werten beschäftigen möchten:

Dickens, Charles *Eine Weihnachtsgeschichte.* Hamburg 2002

# DANK

Um chronologisch vorzugehen, danke ich zunächst meinem Mann Bela, der mich auf die Idee brachte, diesen Ratgeber zu schreiben (da hast du den Salat, jetzt musst du schon wieder ein Buch von mir lesen!). Als Nächstes danke ich meiner Agentin Katrin Kroll, die es immer wieder schafft, meine Gedanken in eine Form zu bringen, die der Verlagswelt standhält, und die mir damit meinen Weg als Autorin ebnet. Mein großer Dank gilt auch Mareike Neukam vom Bastei Lübbe Verlag für ihre Begeisterung für dieses Buch und ein schönes Treffen in Berlin – unser Gespräch gab mir viele wertvolle Impulse zum Schreiben. Ich möchte mich auch ganz allgemein beim Bastei Lübbe Verlag bedanken, für den Mut, ein Buch zu veröffentlichen, das dem Leser nicht das große Glück verspricht. Außerdem gebührt mein unglaublicher Dank Jasmin Schott Carvalheiro, ohne die ich wahrscheinlich nie gelernt hätte, so zu denken, wie ich es inzwischen tue. Im Grunde diente das Psychologiestudium einzig und allein dem Zweck, dich kennenzulernen – und damit hatte es gleichzeitig seinen Sinn erfüllt. Besonders bedanken möchte ich mich auch bei meiner Mutter, die mir jeden verfügbaren Artikel zum Thema Glück mitgebracht hat. Unglaublich, was sich da so alles finden ließ – ich sage nur schamanischer Chakra-Tanz! Mein Dank gilt auch meinem Vater für seine Skepsis gegenüber meiner Behauptung, dass es das Glück nicht gibt. Wäre ja schlimm, wenn man mir alles glauben würde. Außerdem bedanke ich mich bei allen Menschen, die mit mir ganz offen und ehrlich über ihre Gedanken und Gefühle auf ihrer Glückssuche gesprochen haben und die mich erkennen ließen, dass ich nicht die Einzige bin, die sich im Kreis dreht. Ohne diese Einsicht würde ich wohl bis zum Ende meines Lebens bei irgendwelchen Therapeuten sitzen, die mir dabei helfen sollen, meine unangenehmen Gefühle loszuwerden. Danke, dass mir dieses Schicksal erspart bleibt! Und ich danke auch vor allem dir, lieber Leser, liebe Leserin, dass du die Zeit, das Geld und die Anstrengung unternommen hast, dieses Buch zu lesen. Mein Wunsch ist es, dass du es jetzt zuklappst, ausatmest und weißt, dass du absolut nichts erreichen musst. So. Ich glaube, damit wäre alles gesagt.